KB267429

AI 시대, 어떻게 일해야 할까

AI 시대

어떻게 일해야 할까

벽미르 지음

다온길

프롤로그

AI는 이미 회사에 들어와 있었다

AI가 회사에 들어온 순간은 생각보다 조용했다. 환영식도 없었고, 누군가의 책상이 갑자기 비워지지도 않았다. 대신 회의 자료가 조금 더 빨리 완성됐고, 보고서 문장은 어색한 부분 없이 매끄러워졌으며, 회의실에서 사람들이 말을 꺼내기까지 걸리는 시간이 조금 더 길어졌다. 눈에 띄는 변화는 거의 없었지만, 이상하게도 공기의 밀도는 달라져 있었다.

많은 사람들은 자연스럽게 기대했다. 이제 야근이 줄어들겠지, 판단은 더 쉬워지겠지, 쓸데없는 일들은 알아서 사라지겠지 하고 말이다. 그런데 막상 지나고 보니 상황은 조금 다르게 흘러갔다. 일은 확실히 빨라졌는데, 결정 버튼을 누르기 전의 망설임은 오히려 길어졌고, 정보는 넘쳐나는데 책임이라는 단어는 더 무겁게 느껴지기 시작했다. 회사는 효율적으로 움직이기보다 조심스럽게 굴기 시작했고,

그 조심스러움은 종종 불안으로 이어졌다.

회의는 줄어들지 않았고, 오히려 설명해야 할 말은 더 많아졌다. 추천은 친절해졌지만, "이걸 선택해도 괜찮을까"라는 질문은 쉽게 사라지지 않았다. 누군가는 판단을 미루기 시작했고, 누군가는 말수를 줄였으며, 누군가는 마음속으로 같은 질문을 반복했다. 이건 내가 결정해도 되는 일일까, 아니면 조금 더 위에서 정해주는 게 맞을까 하고 말이다.

AI 시대의 변화는 거창한 혁신 발표나 숫자로 먼저 드러나지 않는다. 결정을 앞두고 잠깐 멈칫하는 손, 모두가 고개를 끄덕였지만 아무도 마지막 말을 하지 않는 회의, 책임이 자연스럽게 위로 이동하는 구조 같은 아주 사소한 장면에서 먼저 모습을 드러낸다. 그리고 그런 장면들은 어느 순간 하나의 분위기가 되고, 조직의 습관이 된다.

그래서 여기서 던져야 할 질문은 단순하지 않다. 기술이 무엇을 할 수 있는지가 아니라, 그 기술이 들어온 뒤 사람들이 어떤 태도로 일하고 있는지, 어떤 순간에 멈추고 어떤 순간에 물러나고 있는지를 바라보는 일이다. AI는 이미 회사 안에서 조용히 자리를 잡았다. 이제 남은 건, 그 이후의 변화들을 우리가 얼마나 솔직하게 마주할 수 있느냐는 문제다.

백미르

차 례

3장 AI가 들어온 회사에서 벌어진 작은 변화들

4장 AI 시대의 회사는 왜 말을 아끼게 되었는가

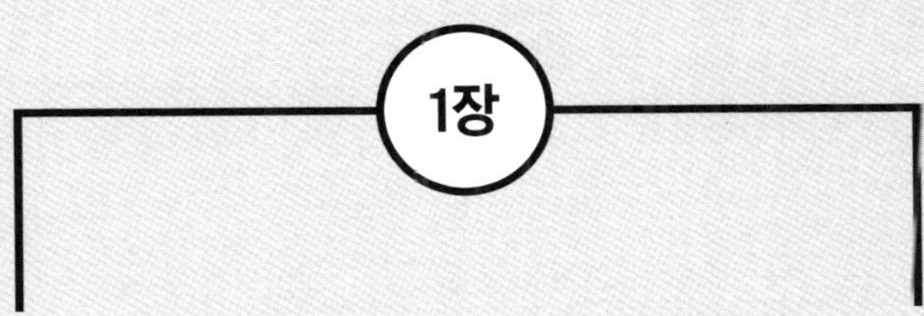

1장

AI 시대의 일은 왜 이전과 다르게 느껴지는가

일이 빨라졌다는 말이
불편하게 느껴지는 이유

AI가 회사에 들어온 뒤 가장 먼저 체감되는 변화는 속도다. 회의 자료는 이전보다 훨씬 빨리 준비되고, 보고서 초안은 몇 분 만에 화면 위에 올라온다. 예전에는 여러 사람이 나눠서 며칠에 걸쳐 하던 일들이 이제는 한 사람이 짧은 시간 안에 끝낼 수 있는 작업이 되었다. 그래서 회사 안에서는 자연스럽게 "요즘은 일이 정말 빨라졌잖아"라는 말이 반복된다. 이 말 자체는 틀리지 않다. 실제로 많은 업무가 더 빠르게 처리되고 있기 때문이다. 그런데 이상하게도 이 말이 자주 들릴수록 사람들의 표정은 밝아지기보다는 점점 조심스러워진다. 빨라졌다는 사실을 부정하는 사람은 없지만, 그 말을 들을 때마다 마음 한쪽이 편치 않다. 이 불편함은 단순히 일이 많아져서 생기는 피로가 아니라, 일의 감각 자체가 이전과 다르게 움직이기 시작했다는 신호에 가깝다.

AI는 분명히 작업 시간을 줄여준다. 하지만 그 줄어든 시간이 곧

바로 여유로 이어지지는 않는다. 예전에는 문서를 만드는 과정 자체가 생각의 시간이었고, 쓰고 고치고 다시 정리하는 동안 판단의 근거가 자연스럽게 쌓였다. 문장이 매끄럽지 않으면 고치면서 이유를 찾았고, 구조가 어색하면 다시 짜면서 생각을 정리했다. 그래서 문서가 완성되었을 때는 결과물과 함께 "여기까지는 내가 책임질 수 있다"는 확신도 따라왔다. 지금은 그 순서가 바뀌었다. 생각이 충분히 정리되기 전에 결과가 먼저 도착하고, 문장은 이미 완성된 상태로 화면 위에 떠 있다. 이때 사람은 작업은 끝냈지만 판단은 아직 끝내지 못한 상태에 놓인다. 그래서 일을 마친 뒤에도 계속 화면을 다시 보게 되고, 이미 충분히 정리된 문서 앞에서 "그래도 한 번만 더 보자"라는 말을 반복하게 된다. 속도는 빨라졌지만, 일을 마무리했다는 확신은 오히려 약해진다.

속도가 빨라졌는데 기준은 더 흐려졌다

AI가 만들어내는 결과물은 대체로 깔끔하고 정돈되어 있다. 표현은 매끄럽고 논리는 잘 정리되어 있으며, 겉으로 보기에 부족한 점을 찾기 어렵다. 문제는 바로 그 완성도 때문에 생긴다. 결과물이 처음부터 완성된 형태로 등장하다 보니, 어디까지가 충분한지에 대한 기준을 스스로 세우기 어려워진다. 예전에는 미완성 상태의 문서를 보며 무엇이 부족한지 비교적 쉽게 느낄 수 있었지만, 지금은 완성된 결과물 앞에서 오히려 판단이 늦어진다. 고칠 곳이 명확하지 않기 때문에 "이대로 가도 되는지"를 계속 고민하게 된다. 기준이 분명하지 않으니 확신도 쉽게 생기지 않는다. 속도는 높아졌지만, 판단의 출발선은 오히려 뒤로 밀린 셈이다.

이 변화는 업무 능력의 문제가 아니다. 일을 못해서 망설이는 것이 아니라, 기준이 흐려진 상태에서 책임을 떠안게 되었기 때문에 생기는 자연스러운 반응이다. AI는 결과를 빠르게 제시하지만, 그 결과를 받아들이는 순간의 책임은 여전히 사람에게 남는다. 그래서 사람들은 결과를 보는 데서 멈추지 않고, 그 결과가 조직 안에서 어떤 의미를 갖게 될지를 한 번 더 생각하게 된다. 이 추가된 고민의 시간은 겉으로 드러나지 않지만, 일의 감각을 무겁게 만든다.

한국의 AI 활용 강도

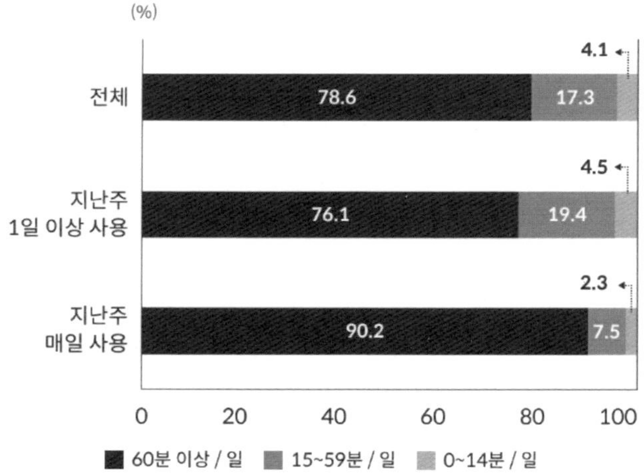

일주일에 5~7시간을 AI 사용에 할애하는 것으로 나타났다.

〈출처 : 한국은행, 「AI의 빠른 확산과 생산성 효과」, 2025〉

'이 정도면 되지 않을까요'라는 말이 늘어난 이유

AI 이후의 회의실에서는 비슷한 장면이 자주 반복된다. 화면에는 이미 잘 정리된 자료가 떠 있고, 회의는 빠르게 진행된다. 그러다 누군가 조심스럽게 이렇게 말한다. "이 정도면 바로 써도 되지 않을까요." 이 문장은 결정처럼 들리지만, 실제로는 확인 요청에 가깝다. 혼자서 판단하기보다는, 주변의 동의를 통해 확신을 얻고 싶다는 의미가 더 크다. AI가 만든 결과물은 논리적으로 흠잡을 데가 없고 표현도 안정적이지만, 그 결과를 선택하는 순간 누가 책임을 지는지는 명확하지 않다.

사람이 직접 만든 문서라면 미완성이라도 판단의 주체가 분명했다. 결과가 좋든 나쁘든, "이건 내가 이렇게 판단했다"라고 말할 수 있었다. 하지만 AI가 만든 결과물은 완성도와 책임의 기준이 어긋난 상태로 등장한다. 그래서 결정은 줄어들고 합의는 늘어난다. 혼자 판단하기보다는 모두가 같이 고개를 끄덕이기를 기다리게 되고, 그 과정에서 일은 더 빨리 만들어졌음에도 불구하고 결정의 순간은 오히려 늦춰진다.

빨라졌다는 말이 압박으로 바뀌는 순간

"이제 이 정도는 금방 되잖아"라는 말은 조직 안에서 자연스럽게 새로운 기준이 된다. 이 말은 단순히 기술의 발전을 설명하는 문장이 아니라, 앞으로 기대되는 업무 속도를 암묵적으로 규정하는 표현이 된다. 예전에는 하루가 걸리던 일이 한 시간 안에 가능해졌다면,

그 차이는 여유가 아니라 기대치로 전환된다. 남는 시간은 쉬는 시간이 아니라, 다음 일을 더 빨리 시작해야 하는 시간으로 인식된다. 그래서 속도가 빨라질수록 사람들은 편해지기보다 더 바빠졌다고 느낀다.

이 지점에서 "일이 쉬워졌다"는 말은 위로가 아니라 부담이 된다. 빨라졌다는 말은 곧 "이제 이 속도를 유지해야 한다"는 의미로 들리기 때문이다. 잠시 속도를 늦추는 순간, 뒤처지고 있다는 생각이 따라온다. 그래서 사람들은 일을 덜 하게 된 것이 아니라, 더 조심스럽게 하게 된다. 실수하지 않기 위해, 책임을 혼자 떠안지 않기 위해, 한 번 더 확인하고 한 번 더 묻는다.

관리자에게도 편하지 않은 속도의 변화

이 불편함은 실무자만의 감정이 아니다. 관리자 역시 일이 빨라졌다는 말 앞에서 마냥 편하지 않다. 보고는 더 자주 올라오고, 결정해야 할 시점은 앞당겨진다. 과거에는 시간이 부족해서 미뤄졌던 결정들이 이제는 판단의 무게 때문에 늦춰진다. 이미 자료가 준비되어 있기 때문에, 결정을 미루는 이유조차 설명해야 하는 상황이 늘어난다. AI는 선택지를 정리해주지만, 선택의 책임까지 대신해주지는 않는다. 오히려 선택의 순간을 더 자주, 더 또렷하게 드러낸다.

그래서 속도가 빨라질수록 관리자는 더 많은 판단을 더 짧은 시간 안에 감당해야 한다는 부담을 느낀다. 일이 효율적으로 돌아가는 것처럼 보일수록, 결정의 무게는 개인에게 더 집중된다. 이 구조 속에서 "일이 빨라졌다"는 말은 단순한 변화의 설명이 아니라, 조직 전체가 새로운 긴장 상태로 들어갔다는 신호처럼 작동한다.

이 불편함을 이해해야 다음 변화가 보인다

AI 이후의 회사에서 일이 빨라졌다는 사실은 분명하다. 하지만 그 속도는 사람을 가볍게 만들지 않는다. 오히려 기준을 흐리게 하고, 판단을 무겁게 하며, 책임을 더 조심스럽게 만든다. 사람들은 일을 덜 하게 된 것이 아니라, 이전과 다른 종류의 부담을 안게 되었다. 이 불편함을 무시하면 우리는 계속 효율만 이야기하면서, 왜 일이 예전과 다르게 느껴지는지는 설명하지 못한다.

AI가 일을 빠르게 만들었다는 사실이 아니다. 더 중요한 것은 그 속도 속에서 사람이 어떤 무엇을 잃고, 무엇을 새로 짊어지게 되었는지를 이해하는 일이다. 이 변화를 제대로 바라볼 때, AI 시대의 일이 왜 이전과 다르게 느껴지는지가 비로소 보이기 시작한다.

02

성과의 기준이 바뀌면
일의 감각도 달라진다

AI가 도입된 이후 회사에서 가장 자주 들리는 말 중 하나는 "이 정도면 충분하지 않나"라는 표현이다. 보고서의 형식은 깔끔하고, 필요한 내용은 빠짐없이 들어 있으며, 이전보다 훨씬 짧은 시간 안에 결과물이 나온다. 객관적으로 보면 분명히 잘 만들어진 산출물이다. 그런데 이상하게도 그 결과물을 받아든 사람의 반응은 예전과 다르다. 고개를 끄덕이면서도 바로 다음 단계로 넘어가지 못하고, 한 번 더 살펴보자거나 다른 의견은 없는지 묻는 말이 따라붙는다. 성과는 분명히 나온 것 같은데, 일을 마쳤다는 확신은 쉽게 오지 않는다.

이 변화는 개인의 성격이나 조직 문화 때문만은 아니다. 더 근본적인 이유는 성과를 판단하는 기준 자체가 달라지고 있기 때문이다. 예전에는 시간이 걸렸다는 사실이 곧 노력의 증거였고, 과정이 길수록 결과에 대한 신뢰도도 자연스럽게 따라왔다. 하지만 AI가 개입한 이후에는 결과가 너무 빨리 도착한다. 속도가 빨라진 만큼, 사람들은 무의식적으로 그 결과를 예전과 같은 기준으로 받아들이지 않는다. 잘 만들었는지가 아니라, 이 결과를 그대로 믿어도 되는지, 이 판단에 문제가 생기지는 않을지를 먼저 떠올리게 된다.

결과는 명확해졌지만 판단은 더 어려워졌다

AI가 만든 결과물은 대체로 명확하다. 문장은 정돈되어 있고, 수치는 일관성이 있으며, 논리의 흐름도 크게 어긋나지 않는다. 그래서 표면적으로는 흠을 찾기 어렵다. 하지만 바로 그 점이 사람을 더 불안하게 만든다. 명확해 보이는 결과일수록, 그 판단의 근거가 어디에서 나왔는지를 확인하고 싶어진다. 예전에는 자료를 모으고 정리하는 과정 자체가 판단의 일부였기 때문에, 결과를 보는 순간 그 흐름이 머릿속에 함께 떠올랐다. 지금은 그 과정이 눈앞에서 사라졌고, 결과만 남았다. 이때 사람들은 자신도 모르게 판단을 미룬다. 결과를 부정하지는 않지만, 그렇다고 바로 승인하거나 결정하지도 않는다. "틀린 건 아닌 것 같은데"라는 말이 자주 등장하고, 그 말 뒤에는 항상 한 박자 늦은 행동이 따라온다. 성과가 분명해졌음에도 불구하고, 결정을 내리는 순간은 오히려 더 조심스러워진다. 이 지점에서 일의 기준은 예전과 확연히 달라진다.

'잘했다'는 말이 쉽게 나오지 않는 이유

AI 이전의 성과 평가는 비교적 단순했다. 계획한 일을 정해진 시간 안에 마쳤는지, 요구한 수준을 충족했는지가 핵심이었다. 그래서

"이번 건 잘 끝났습니다"라는 말이 자연스럽게 나왔다. 하지만 AI가 개입한 이후에는 이 말이 쉽게 나오지 않는다. 결과가 빠르게 나오는 만큼, 그 결과가 사람의 판단을 충분히 거쳤는지에 대한 의문이 함께 따라오기 때문이다. 이 변화는 평가 방식에도 영향을 준다. 예전에는 결과 중심의 평가가 가능했지만, 이제는 결과만으로는 충분하지 않다. 과정이 보이지 않기 때문에, 오히려 더 많은 설명과 확인이 필요해진다. 이로 인해 성과를 냈다고 느끼는 사람과, 그 성과를 평가하는 사람 사이에 미묘한 간극이 생긴다. 일한 사람은 분명히 성과를 냈다고 생각하지만, 평가하는 쪽에서는 아직 판단이 끝나지 않았다고 느낀다. 이 간극이 쌓일수록, 일의 기준은 점점 흐려진다.

🤖 AI 도입 전후 성과 판단 기준의 변화

구 분	AI 도입 이전	AI 도입 이후
결과 도출 속도	시간이 걸릴수록 신뢰	빠를수록 추가 확인 필요
성과 판단 기준	결과 완성도 중심	판단 책임까지 포함
검토 방식	과정 공유 중심	결과 재검증 중심
결정 시점	결과 확인 후 즉시	한 박자 늦어짐
성과 체감	'일은 끝냈다'	'아직 판단이 남았다'

성과가 빨라질수록 늘어나는 확인의 단계들

AI 도입 이후 많은 조직에서 공통적으로 나타나는 변화는 확인의 단계가 늘어난다는 점이다. 보고서는 빨리 나오지만, 검토 회의는 줄어들지 않는다. 오히려 한 번 더 확인하고, 한 번 더 의견을 묻는 구조가 만들어진다. 이는 효율이 떨어졌기 때문이 아니라, 성과의 기준이 바뀌었기 때문이다. 사람들은 이제 결과의 완성도보다 그 결과를 책임질 수 있는지를 더 중요하게 생각한다. 이 과정에서 중간관리자들은 특히 어려움을 겪는다. 위에서는 빠른 결과를 기대하고, 아래에서는 AI가 만든 결과를 들고 올라온다. 그 사이에서 "이걸 그대로 가져가도 될까"라는 질문을 가장 많이 떠안는 위치가 바로 이들이다. 그래서 성과가 좋아 보여도 쉽게 확정하지 못하고, 한 번 더 고민하는 시간이 길어진다. 성과가 빨라졌는데 결정이 느려지는 역설은, 바로 이 지점에서 만들어진다.

성과의 기준이 바뀌면 일의 무게도 달라진다

성과를 평가하는 기준이 바뀌면, 일의 무게도 달라진다. 예전에는 일을 많이 했다는 사실이 부담이었지만, 이제는 판단을 내려야 한다는 사실 자체가 부담이 된다. 결과는 이미 준비되어 있는데, 그 결과를 채택할지 말지를 결정하는 순간이 가장 무거워진다. 이때 사람들은 일을 덜 하게 되는 것이 아니라, 더 조심스럽게 하게 된다. 그래서 AI 이후의 회사에서는 성과가 사라진 것이 아니라, 성과를 대하는 태도가 달라졌다고 보는 편이 더 정확하다. 빠른 결과 앞에서 사람들은 쉽게 안도하지 못하고, 오히려 자신이 어디까지 책임져야 하는지를 먼저 계산한다. 이 계산이 반복될수록, 일은 끝났는데도 마음은 쉽게 가벼워지지 않는다. 성과의 기준이 바뀌었다는 사실은, 사람들이 일을 대하는 방식을 근본적으로 바꿔놓는다.

이 변화는 특정 회사나 직무에만 국한되지 않는다. AI가 일의 일부로 들어온 조직이라면 거의 예외 없이 비슷한 장면을 경험한다. 그래서 이 이야기는 기술의 문제가 아니라, 일을 판단하는 방식이 어떻게 달라지고 있는지에 대한 이야기다. 성과는 여전히 중요하다. 다만 그 성과를 받아들이는 기준이 달라졌고, 그 변화가 오늘날의 일을 이전과 다르게 느끼게 만든다.

03

반복 가능한 일과
반복할 수 없는 일의 경계

AI가 회사에 들어온 이후, 사람들 사이에서 가장 자주 오가는 질문은 "이 일은 사람이 해야 할까"라는 말이다. 예전에도 역할을 나누는 기준은 있었지만, 지금처럼 이 질문이 일상적으로 등장하지는 않았다. 업무를 시작하기 전에 먼저 떠오르는 것은 방법이 아니라, 이 일이 반복 가능한지 아닌지에 대한 판단이다. 이 판단이 늦어질수록 일의 출발선도 함께 뒤로 밀린다. 일을 하지 않아서가 아니라, 어디까지를 사람이 맡아야 하는지 확신하지 못하기 때문이다.

겉으로 보면 이 변화는 효율을 높이기 위한 자연스러운 과정처럼 보인다. 반복되는 작업은 자동화하고, 사람은 더 중요한 일을 하면 된다는 논리다. 하지만 회사 현장에서 이 구분은 그렇게 단순하게 작동하지 않는다. 실제로는 많은 일이 반복과 판단의 경계에 걸쳐 있다. 그래서 일을 시작할수록 질문은 늘어나고, 명확했던 역할은 오히려 흐려진다. 이 흐려짐이 쌓이면서, 일이 작동하는 방식도 예전과는 다른 방향으로 바뀐다.

반복되는 일은 줄었지만, 판단은 더 늘어났다

AI가 도입된 이후 반복적인 작업은 분명히 줄었다. 자료를 정리하고, 문서를 다듬고, 형식을 맞추는 일들은 훨씬 빠르게 처리된다. 문제는 그 다음이다. 반복되는 일이 줄어든 자리에 판단이 필요한 일들이 한꺼번에 몰려온다. 예전에는 반복 작업 속에 자연스럽게 섞여 있던 판단이 이제는 또렷하게 드러난다. 이때 사람들은 자신이 해야 할 일이 줄었다기보다, 결정해야 할 일이 늘었다고 느낀다. 결과는 이미 준비되어 있는데, 그 결과를 채택할지 말지를 정하는 순간이 남아 있다. 이 순간은 자동화되지 않는다. 그래서 반복 가능한 일은 사라졌는데, 반복할 수 없는 판단의 무게는 더 커진다. 이 변화는 일의 양이 아니라, 일의 성격을 바꿔놓는다.

경계가 모호해질수록 사람은 더 조심스러워진다

문제는 반복 가능한 일과 반복할 수 없는 일의 경계가 명확하지 않다는 점이다. 어떤 일은 처음에는 반복처럼 보이지만, 막상 진행하다 보면 상황에 따라 판단이 달라진다. 반대로 판단이 필요해 보였던 일도, 여러 번 반복되면서 어느 순간 자동화 대상처럼 취급된다. 이 과정에서 사람들은 자신도 모르게 한 발 물러선다. "이건 그냥 처리하면 되는 일인가", "아니면 내가 책임져야 하는 판단인가"라는 질문이 계속 머릿속을 맴돈다. 이 질문에 대한 확신이 없을수록,

사람들은 더 조심스러워진다. 일을 미루거나 회피해서가 아니라, 불필요한 책임을 떠안지 않기 의해서다. 이 조심스러움은 개인의 태도처럼 보이지만, 사실은 경계가 흐려진 조직 구조가 만들어낸 반응에 가깝다.

자동화가 만든 여백, 그리고 그 여백의 부담

AI는 많은 일을 대신 처리해준다. 그 결과 사람의 시간에는 여백이 생긴다. 하지만 이 여백은 곧바로 여유로 바뀌지 않는다. 오히려 그 여백을 무엇으로 채워야 하는지에 대한 부담이 생긴다. 반복 가능한 일이 줄어든 만큼, 사람은 더 의미 있는 판단을 해야 할 것처럼 느낀다. 문제는 그 "의미 있는 판단"이 무엇인지 명확하게 정의되어 있지 않다는 점이다. 그래서 여백은 휴식이 아니라, 책임의 공간으로 인식된다. "이 시간에 나는 어떤 결정을 내려야 하는가", "이 판단이 틀렸을 때 감당할 수 있는가" 같은 질문이 여백을 채운다. 이때 사람들은 일을 덜 하고 있다는 느낌보다, 일을 더 신중하게 하고 있다는 상태에 놓이게 된다. 자동화는 일을 가볍게 만들었지만, 판단의 무게는 오히려 더 또렷해졌다.

반복할 수 없는 일은 누구의 몫이 되었는가

반복할 수 없는 일은 자연스럽게 사람의 몫으로 남는다. 하지만 그 "사람"이 누구인지는 점점 불분명해진다. 실무자는 판단을 위로 올리고, 관리자는 한 번 더 확인하려 한다. 그 과정에서 결정은 위로 쌓이고, 현장은 조용해진다. 누구도 판단을 피하고 싶어 하지 않지만, 누가 최종적으로 책임질 것인지는 명확하지 않다. 이 구조는 조직에 미묘한 긴장을 만든다. 반복 가능한 일은 빠르게 처리되는데, 반복할 수 없는 판단은 점점 늦어진다. 이 지연은 게으름이나 무능의 문제가 아니라, 경계가 불분명해진 상태에서 나타나는 자연스러운 반응이다. 사람들은 자신이 맡아야 할 역할을 확신하지 못할수록, 더 많은 확인과 동의를 요구한다.

경계를 나누는 일이 곧 일이 되었다

AI 이후의 회사에서는 일을 처리하는 것만큼이나, 일의 경계를 나누는 것 자체가 중요한 일이 되었다. 무엇을 자동화할지보다, 어디까지를 사람이 책임질지를 정하는 과정이 길어진다. 이 과정은 문서나 규정으로 한 번에 정리되지 않는다. 실제로는 매번의 상황 속에서 다시 확인되고, 다시 조정된다. 그래서 사람들은 일을 하면서 동시에 기준을 만들고 있다는 느낌을 받는다. 이중의 부담은 일을 단순하게 끝내기 어렵게 만든다. 일을 끝냈다고 느끼기 어려워지고, 판단을 내린 뒤에도 마음이 쉽게 가벼워지지 않는다. 반복 가능한 일과 반복할 수 없는 일의 경계는 고정된 선이 아니라, 계속 이동하는 영역이 되었기 때문이다.

이 변화는 특정 기술의 문제가 아니다. 기술이 들어온 이후, 사람이 맡게 된 판단의 위치가 달라졌다는 사실이 핵심이다. 반복 가능한 일은 줄었지만, 반복할 수 없는 판단은 조직 곳곳에 퍼졌다. 이 퍼짐이 오늘날의 일을 이전과 다르게 느끼게 만든다. 일은 여전히 진행되고 있다. 다만 그 일을 대하는 기준과 책임의 무게가, 예전과는 다른 방향으로 이동하고 있을 뿐이다.

효율이 높아질수록
사람이 당황하는 순간

AI가 일을 빠르게 만들었다는 사실은 이제 낯설지 않다. 자료는 더 빨리 모이고, 보고서는 이전보다 훨씬 짧은 시간 안에 완성된다. 겉으로 보면 모든 것이 정리되고 단순해진 것처럼 보인다. 그런데 현장에서 반복적으로 목격되는 장면은 조금 다르다. 일이 매끄럽게 흘러가는데도 사람들의 표정은 쉽게 편안해지지 않는다. 오히려 "이 정도면 괜찮은가"를 여러 번 되묻고, 이미 정리된 결과 앞에서 잠시 멈춰 선다. 효율은 분명히 높아졌는데, 그 효율을 받아들이는 사람의 마음은 준비가 덜 된 상태다.

이 당황은 실수나 혼란에서 비롯되지 않는다. 오히려 너무 잘 돌아가는 상황에서 나타난다. 일이 예상보다 빨리 끝나고, 문제가 될 만한 요소도 보이지 않을 때 사람들은 다음 행동을 선뜻 정하지 못한다. 예전에는 바쁨이 판단을 밀어붙였다면, 지금은 여유처럼 보이는 효율이 판단을 멈추게 만든다. 이 미묘한 역전이 오늘날의 회사를 낮

설게 만든다.

일이 매끄러울수록 질문이 늘어나는 이유

효율이 높아진 환경에서는 일이 막히지 않는다. 진행 과정이 매끄럽고, 중간에 끊기는 지점도 줄어든다. 그런데 아이러니하게도 이런 상황에서 질문은 줄어들지 않는다. 오히려 성격이 다른 질문들이 등장한다. "이대로 진행해도 되는가", "혹시 놓친 게 있는 건 아닌가" 같은 질문들이다. 이 질문들은 기술을 의심해서가 아니라, 판단의 기준을 스스로 확인하려는 신호에 가깝다. 예전에는 문제를 해결하느라 바빠 질문할 여유가 없었다. 지금은 문제보다 결과가 먼저 도착한다. 그래서 사람들은 결과를 받아들이는 순간, 자신이 어디까지 책임져야 하는지를 먼저 떠올린다. 효율이 높아질수록 판단의 타이밍은 앞당겨지고, 그만큼 당황할 여지도 함께 커진다.

'일이 잘 풀린다'는 확신이 사라진다

효율적인 환경에서는 일이 잘 풀리고 있다는 느낌을 받기 쉽다. 하지만 실제 현장에서는 그 확신이 이전처럼 선명하지 않다. 이유는 간단하다. 일이 잘 풀리는 과정이 눈앞에서 사라졌기 때문이다. 과정이 압축되면서, 사람들은 결과를 보며 스스로를 설득해야 하는 상황에 놓인다. "이렇게 빨리 끝나도 괜찮은가"라는 마음속 질문이 자연스럽게 따라온다. 이때 당황은 감정의 문제가 아니라 기준의 문제다. 무엇을 기준으로 "잘 풀린 일"이라고 말해야 하는지 분명하지 않다. 결과는 충분해 보이는데, 그 결과를 받아들이는 감각은 아직 이전의 속도에 머물러 있다. 이 간극이 사람을 멈추게 하고, 쉽게 안도하지 못하게 만든다.

효율이 압박으로 느껴지는 순간

효율은 본래 부담을 덜어주기 위한 것이다. 하지만 일정 지점을 넘어서면 효율은 압박으로 변한다. "이 정도면 충분하다"는 말이 "이 정도도 못 하면 안 된다"로 들리기 시작하는 순간이다. 효율이 기준이 되면, 사람들은 자신이 느끼는 불안이나 망설임을 드러내기 어려워진다. 이미 결과가 나와 있는데, 왜 망설이느냐는 시선이 생기기 때문이다. 이때 조직은 조용해진다. 회의는 짧아지고, 의견은 정리된 형태로만 오간다. 겉으로는 효율적인 장면이지만, 속에서는 각자가 혼자 판단을 끌어안는다. 효율이 높아질수록 드러나지 않는 부담은 개인에게 쌓인다. 이 축적이 바로 사람들이 느끼는 당황의 실체다.

빠른 환경에서 늦어지는 사람의 반응

효율적인 시스템은 빠르게 움직인다. 하지만 사람의 반응은 그 속도를 그대로 따라가지 못한다. 판단에는 여전히 시간이 필요하고, 그 시간은 자동으로 줄어들지 않는다. 이 차이가 커질수록 사람들은 자신의 반응이 느린 것이 아닌지 의심하게 된다. "왜 나는 아직 확신이 없을까"라는 질문이 스스로를 향한다. 이 과정에서 많은 사람들이 자신의 망설임을 드러내지 않는다. 당황을 표현하기보다는 한 번 더 확인하고, 한 번 더 의견을 묻는 방식으로 시간을 번다. 이 행동은 비효율처럼 보일 수 있지만, 실제로는 사람이 속도를 따라잡기 위해 선택한 안전장치다. 효율이 높아진 환경에서 당황은 자연스러운 반응임에도, 그 감정은 쉽게 인정되지 않는다.

효율 이후에 남는 것은 사람의 태도다

효율이 모든 것을 해결해주지는 않는다. 오히려 효율이 일정 수준에 도달하면, 그 다음 단계는 사람의 태도와 판단이 맡게 된다. 이 지점에서 조직의 분위기는 갈린다. 당황을 허용하는 조직은 질문을 받아들이고, 효율을 조정한다. 반대로 당황을 약점으로 보는 조직은 침묵을 선택한다.

효율이 높아질수록 사람이 당황하는 순간은 더 자주 찾아온다. 이 당황은 시스템의 결함이 아니라, 사람이 여전히 판단의 주체로 남아 있다는 증거다. 일을 이전보다 다르게 느끼게 만드는 것은 기술 그 자체가 아니라, 효율 이후에 남겨진 판단의 순간들이다. 그 순간을 어떻게 다루느냐에 따라, 같은 효율도 전혀 다른 의미로 받아들여진다.

우리는 왜
'일이 쉬워졌다'는 말을 쉽게 믿지 못할까

　AI가 도입된 뒤 회사에서는 종종 이런 말이 오간다. "요즘은 일이 훨씬 쉬워졌잖아." 예전보다 문서를 만드는 데 걸리는 시간도 줄었고, 반복적인 작업도 눈에 띄게 감소했다. 겉으로 보면 이 말은 틀리지 않다. 그런데 이 문장을 들을 때 사람들의 반응은 묘하게 엇갈린다. 고개를 끄덕이는 사람도 있지만, 대체로는 짧은 침묵이 먼저 흐른다. 반박하지는 않지만, 선뜻 동의하지도 않는다. 일이 쉬워졌다는 말이 사실처럼 들리면서도, 마음속 어딘가에는 걸리는 부분이 남아 있기 때문이다.

　이 불편함은 기술을 몰라서 생기는 반응이 아니다. 오히려 AI가 무엇을 해주는지 잘 아는 사람일수록 이 말을 쉽게 받아들이지 못한다. 이유는 단순하다. 일이 쉬워졌다는 말이 자신의 경험과 정확히 맞아떨어지지 않기 때문이다. 겉으로는 분명히 수월해진 부분이 있지만, 그만큼 다른 부담이 생겼다는 사실을 몸으로 느끼고 있다.

'쉬워졌다'는 말이 설명하지 못하는 것들

일이 쉬워졌다는 표현은 보통 작업 난이도를 기준으로 한다. 손이 덜 가고, 시간이 덜 들고, 반복이 줄어들면 쉬워졌다고 느끼기 쉽다. 하지만 회사에서 사람들이 실제로 느끼는 일의 난이도는 이런 기준만으로 설명되지 않는다. 일의 어려움은 작업량보다 판단과 책임에서 더 크게 느껴진다. AI 이후의 일은 작업 자체는 단순해졌지만, 그 결과를 받아들이고 결정하는 과정은 오히려 더 까다로워졌다. 예전에는 과정이 길었던 만큼 결과를 수용하는 데도 시간이 자연스럽게 따라왔다. 지금은 결과가 너무 빨리 도착한다. 그래서 사람들은 결과를 보는 순간, 그 결과를 믿어도 되는지, 자신이 어디까지 책임져야 하는지를 동시에 고민하게 된다. 이 고민은 "쉬움"이라는 말로는 담기지 않는다.

일이 쉬워졌다는 말이 부담이 되는 순간

"일이 쉬워졌다"는 말은 때로 칭찬처럼 들리지만, 다른 맥락에서는 부담으로 작용한다. 이 말이 기준이 되는 순간, 사람들은 자신의 망설임을 설명하기 어려워진다. 이미 쉬워졌다고 합의된 상황에서, 왜 여전히 조심스럽고 왜 결정이 늦어지는지를 말하기가 쉽지 않다. 이때 조직에서는 미묘한 침묵이 생긴다. 누군가는 쉬워졌다고 말하고, 누군가는 그렇지 않다고 느끼지만, 그 차이를 드러내기보다는 넘어가기를 선택한다. 쉬워졌다는 말에 동의하지 않는 쪽이 더 많은 설명을 요구받기 때문이다. 결국 이 표현은 현실을 정확히 설명하기보다는, 느끼는 사람의 입을 닫게 만드는 역할을 하게 된다.

'쉬운 일'과 '가벼운 일'은 다르다

사람들이 이 말을 쉽게 믿지 못하는 또 다른 이유는, 쉬운 일과 가벼운 일이 다르다는 사실을 알고 있기 때문이다. AI 이후의 많은 일들은 분명히 쉬워졌다. 하지만 그 일이 가벼워졌다고 느끼는 경우는 많지 않다. 이유는 판단의 결과가 여전히 사람에게 남아 있기 때문이다. 결과를 선택하고, 책임을 감당하고, 문제가 생겼을 때 설명해야 하는 몫은 자동화되지 않는다. 그래서 작업은 쉬워졌는데, 마음은 가벼워지지 않는다. 이 차이를 경험해본 사람일수록 "일이 쉬워졌다"는 말에 쉽게 고개를 끄덕이지 못한다. 그 말이 자신의 부담을 지워주기보다는, 오히려 축소하는 것처럼 들리기 때문이다.

조직이 이 말을 반복할수록 생기는 간극

조직 차원에서 "일이 쉬워졌다"는 말이 반복되면, 개인의 감각과 공식적인 메시지 사이에 간극이 생긴다. 공식적으로는 효율이 높아졌고, 업무 환경이 개선되었다고 말하지만, 현장에서는 여전히 긴장과 조심스러움이 사라지지 않는다. 이 간극이 길어질수록 사람들은 자신의 감각을 의심하게 된다. "내가 괜히 어렵게 느끼는 건가", "다른 사람들은 다 괜찮은 것 같은데"라는 생각이 자연스럽게 떠오른다. 이 자기 검열은 문제를 드러내기보다는, 조용히 넘기게 만든다. 그래서 일이 쉬워졌다는 말은 점점 더 많이 들리는데, 실제로 일이 편해졌다는 말은 잘 들리지 않는다.

믿지 못하는 것이 아니라, 다르게 느끼는 것이다

중요한 점은 사람들이 이 말을 부정하고 있는 것이 아니라는 사실이다. 많은 사람들은 일이 분명히 달라졌고, 어떤 부분은 이전보다 훨씬 수월해졌다는 점을 인정한다. 다만 그 변화가 자신이 체감하는 일의 무게와 정확히 일치하지 않을 뿐이다. 그래서 쉽게 믿지 못하는 것이 아니라, 다르게 느끼고 있는 것이다. AI 이후의 일은 단순히 쉬워졌거나 어려워졌다고 말하기 어렵다. 어떤 부분은 가벼워졌고, 어떤 부분은 더 무거워졌다. 이 복합적인 감각을 하나의 문장으로 정리하려 할 때, "일이 쉬워졌다"는 표현은 너무 단순하다. 사람들이 그 말을 망설이며 받아들이는 이유는, 자신의 경험이 그 문장보다 훨씬 복잡하다는 사실을 알고 있기 때문이다.

이 장면은 특정 회사만의 이야기가 아니다. AI가 일의 일부로 들어온 조직이라면 거의 비슷한 반응을 경험한다. 일이 쉬워졌다는 말이 반복될수록, 사람들은 자신이 느끼는 미묘한 부담을 더 정확히 설명할 언어를 찾게 된다. 이 언어가 아직 충분히 마련되지 않았다는 점이, 오늘날의 일을 이전과 다르게 느끼게 만드는 또 하나의 이유다.

AI 시대의 시선 _ 일의 감각

AI가 일터에 들어온 이후 가장 먼저 달라진 것은 업무 도구도, 성과 지표도 아니다. 사람들은 일을 대하는 감각이 이전과 같지 않다는 사실을 가장 먼저 느낀다. 속도는 분명히 빨라졌지만, 일의 흐름이 몸에 익는 데에는 시간이 더 걸린다. 예전에는 바쁘면 바쁜 대로, 복잡하면 복잡한 대로 일이 흘러갔고, 그 과정 속에서 판단의 타이밍과 책임의 위치가 자연스럽게 드러났다. 지금은 결과가 먼저 도착하고, 사람은 그 결과를 받아들이는 역할로 뒤에 서게 된다. 이 순서의 변화가 일의 감각을 미묘하게 흔든다.

효율이 높아진 환경에서는 일이 정리되어 보인다. 문서는 깔끔하고, 보고는 간결하며, 회의는 짧아진다. 그런데 이런 장면이 반복될수록 사람들은 오히려 더 자주 멈춰 선다. 무엇을 더 해야 하는지가 아니라, 지금 이 상태를 그대로 받아들여도 되는지 스스로에게 묻게 된다. 판단이 줄어든 것이 아니라, 판단의 기준이 분명하지 않아진 것이다. 기준이 흔들리면 사람은 본능적으로 조심스러워진다. 이 조심스러움은 불안이라기보다, 감각이 아직 새로운 환경에 맞게 조정되지 않았다는 신호에 가깝다.

AI 이후의 일은 이전보다 쉬워졌다고 말할 수 있는 부분도 분명히 있다. 반복적인 작업은 줄었고, 준비 과정은 단축되었다. 그러나 이 변화가 곧바로 일의 무게를 가볍게 만들지는 않는다. 오히려 사람들은 자신이 맡고 있는 역할의 성격이 달라졌다는 느낌을 받는다. 직접 손을 움직이던 시간이 줄어든 대신, 선택과 승인, 설명의 비중이 커진다. 이때 일은 더 이상 손에

잡히는 대상이 아니라, 판단을 요구하는 상태가 된다. 감각적으로 익숙했던 일의 촉감이 사라지고, 머리로 확인해야 하는 일이 늘어난다.

조직 역시 이 변화를 즉각적으로 이해하지는 못한다. 효율이 올라갔다는 사실은 명확하지만, 구성원들이 왜 이전만큼 편안해하지 않는지는 설명하기 어렵다. 그래서 조직은 효율을 기준으로 상황을 정리하려 하고, 개인은 자신의 감각을 기준으로 상황을 받아들인다. 이 두 기준이 어긋나는 순간, 말은 줄어들고 확인은 늘어난다. 누구도 틀렸다고 말하기 어려운 상태에서, 모두가 조심스러워진다. 이 조심스러움이 쌓이면, 일은 빠르지만 결정은 늦어지는 구조가 만들어진다.

일의 감각이 달라졌다는 것은, 사람들이 더 민감해졌다는 뜻이 아니다. 오히려 감각을 유지하려 애쓰고 있다는 의미에 가깝다. AI가 제시하는 결과는 정돈되어 있지만, 그 결과를 받아들이는 과정에는 여전히 사람이 필요하다. 이때 사람은 자신의 판단이 필요한지, 아니면 이미 충분히 정리된 흐름에 몸을 맡겨도 되는지를 가늠한다. 이 가늠의 시간이 바로 지금 많은 조직에서 길어지고 있는 시간이다. 외부에서 보면 비효율처럼 보일 수 있지만, 내부에서는 감각을 잃지 않기 위한 조정 과정으로 작동한다.

이 변화는 특정 산업이나 특정 직무에 국한되지 않는다. 규모가 큰 조직일수록, 그리고 의사결정 구조가 복잡할수록 더 또렷하게 드러난다. 효율은 조직 전체를 빠르게 움직이게 만들지만, 감각은 개인 단위로 천천히 적응한다. 이 속도의 차이가 바로 AI 시대의 일터를 이전과 다르게 느끼게 만드는 핵심 요인이다. 기술은 한 번에 도입되지만, 감각은 단번에 바뀌지 않는다.

2장

AI가 들어온 뒤, 일의 장면은 어떻게 달라졌을까

(01)

정보는 많아졌는데,
왜 손이 더 느려졌을까

AI가 본격적으로 업무에 들어온 뒤, 많은 사람들이 가장 먼저 느낀 변화는 의외로 단순하다. "할 수 있는 건 많아졌는데, 왜 손은 더 늦게 움직일까"라는 감각이다. 자료는 더 빨리 나오고, 정리는 훨씬 깔끔해졌는데, 막상 일을 끝내는 속도는 예전만큼 시원하지 않다. 일이 밀려 있는 것도 아닌데, 다음 행동으로 넘어가기까지 괜히 한 번 더 멈추게 된다.

예전에는 일을 시작하기 전에 고민했다면, 지금은 일을 시작해 놓고 망설인다. 화면에는 필요한 정보가 이미 다 떠 있고, 선택지와 추천 방향도 정리돼 있다. 무엇을 해야 할지는 분명해 보이는데, 바로 손이 나가지 않는다. 메일을 보내기 직전, 승인 버튼을 누르기 직전, 파일을 공유하기 직전에 잠깐 멈춘다. 아주 짧은 순간이지만, 이 멈춤이 하루에 여러 번 반복된다.

이 장면은 게으름이나 집중력 부족과는 다르다. 오히려 반대다. 예전보다 더 많은 정보를 확인했고, 더 신중해졌기 때문에 생기는 멈춤이다. AI가 제공하는 정보는 부족하지 않다. 문제는 그 정도 위에서 내가 지금 이 행동을 해도 되는지를 한 번 더 생각하게 된다는 점이다. 정보는 준비됐는데, 행동의 책임이 더 또렷해진다.

이때 사람들 머릿속에는 비슷한 질문이 떠오른다. "조금 더 보면 다른 선택지가 나오지 않을까." "이 추천을 그대로 따라도 괜찮을까." "혹시 놓친 정보가 있지는 않을까." 이 질문들은 모두 합리적으로 보인다. 하지만 이 질문들이 쌓일수록, 손은 더 느려진다. 정브가 부족해서가 아니라, 정보가 너구 잘 갖춰져 있어서 행동의 무게가 커진다.

AI 이전에는 행동이 판단을 대신해 주는 경우가 많았다. 일단 해보고, 문제가 생기면 수정하는 방식이었다. 하지만 지금은 행동 하나하나가 기록으로 남고, 설명의 대상이 된다. "왜 이 선택을 했는지"를 나중에라도 말해야 할 것 같은 기분이 든다. 그래서 사람들은 행동하기 전에 스스로에게 한 번 더 설명을 붙인다. 이 설명이 길어질수록, 손은 쉽게 움직이지 않는다.

또 한 가지 눈여겨볼 변화는, 일이 "끝났는지 아닌지"를 스스로 확신하기 어려워졌다는 점이다. 예전에는 문서를 제출하거나 메일을 보내면 그 순간으로 일의 한 단락이 분명하게 마무리됐다. 하지만 지금은 다르다. AI가 정리해 준 자료를 바탕으로 행동했더라도, 그 선택이 최선이었는지는 나중에 다시 검토될 수 있다는 전제가 따라붙는다. 그래서 사람들은 일을 다치고도 마음 한켠이 가볍지 않다. 이미 끝낸 일인데도, 혹시 더 나은 선택이 있었던 건 아닌지 머릿속에서 계속 돌아본다.

이 과정에서 사람들은 점점 "행동을 미루는 습관"을 갖게 된다. 일을 안 하겠다는 뜻이 아니라, 한 번 더 확인하고, 한 번 더 생각하고, 가능하면 한 번 더 안전한 선택지를 찾으려 한다. 이 습관은 개인의 성향처럼 보이지만, 실제로는 환경이 만들어낸 반응에 가깝다. AI가 정리해 준 정보가 너무 잘 갖춰져 있기 때문에, 그 정보 위에서 성급하게 움직이는 것이 오히려 무책임해 보일 수 있다는 판단이 생긴다. 그래서 행동은 자연스럽게 늦춰진다.

이렇게 손이 느려지는 경험이 반복되면, 사람들은 스스로를 돌아보게 된다. "내가 예전보다 일을 못하게 된 건 아닐까." 하지만 대부분의 경우, 능력이 떨어진 것이 아니다. 오히려 판단해야 할 요소가 늘어났고, 그 판단이 남기는 흔적이 더 오래 남게 되었을 뿐이다. AI 이전에는 지나갔을 선택의 순간들이, 지금은 기록되고 설명되어야 할 결정으로 바뀌었다. 그래서 손이 느려진 것은 퇴보가 아니라, 일의 성격이 달라졌다는 신호에 가깝다.

이 변화는 특정 직무나 특정 회사에만 나타나는 현상이 아니다. 자동화된 추천과 정리가 일상화된 조직이라면 거의 비슷한 인식을 공유한다. 예전에는 일을 빨리 끝내는 사람이 능숙해 보였다면, 지금은 일을 "덜 틀리게" 처리하는 사람이 더 안전해 보인다. 속도보다 안정성이 먼저 떠오르고, 안정성을 확보하기 전에는 손이 나가지 않는다.

그래서 요즘 회사에서는 이런 말이 자연스럽게 나온다. "할 수는 있는데, 지금 하는 게 맞는지 모르겠다.” 이 말은 능력의 문제가 아니라, 환경이 바뀌면서 생긴 반응이다. AI는 일을 빠르게 준비해 주지만, 그 일을 실행하는 순간의 책임은 여전히 사람에게 남아 있다. 그리고 이 책임이 또렷해질수록, 사람들은 손을 내미는 데 더 많은 시간을 쓴다.

정보가 많아진 시대에 일이 느려진 이유는 역설적이다. 판단이 줄어서가 아니라, 판단이 더 선명해졌기 때문이다. 무엇을 해야 할지는 분명한데, 그 행동의 의미까지 함께 생각하게 된다. 이 변화는 당분간 쉽게 사라지지 않는다. AI가 들어온 뒤, 일은 더 빨라졌지만, 행동은 더 조심스러워졌다. 그리고 이 조심스러움이 바로 지금 많은 사람들이 느끼는 “일의 속도 변화”다.

이 조심스러움은 단순히 개인의 성격 변화로 설명되기 어렵다. 같은 사람이, 같은 일을 하는데도 환경이 바뀌자 행동의 속도가 달라졌기 때문이다. 예전에는 빠르게 움직이는 것이 능력처럼 보였다면, 지금은 빠르게 움직이는 사람이 오히려 위험해 보이는 순간이 생긴다. 충분히 검토하지 않았다는 인상을 남길 수 있기 때문이다. 그래서 사람들은 속도를 줄이면서까지 “나는 이 과정을 거쳤다”는 흔적을 남기려 한다. 행동보다 설명이 먼저 떠오르는 구조다.

이 변화는 일의 순서를 바꾼다. 예전에는 판단이 행동 앞에 잠깐 머물렀다면, 지금은 행동 뒤까지 따라온다. 일을 시작하기 전에도 한 번, 끝낸 뒤에도 한 번 더 생각한다. “이 선택이 문제가 되지는 않을까.” “나중에 다시 꺼내질 일은 아닐까.” 이런 질문은 실제로 문제가 생겼을 때보다, 아무 일도 일어나지 않았을 때 더 자주 떠오른다. 아무 일도 없을수록, 판단의 책임이 조용히 남기 때문이다.

특히 AI가 만든 결과물은 이 감각을 더 증폭시킨다. 사람이 직접 만든 결과는 어느 정도의 미흡함을 자연스럽게 받아들이게 만든다. 반면 AI가 정리한 결과는 너무 매끄러워서, 그 위에 얹히는 사람의 판단이 더 또렷하게 드러난다. "이 정도 정보가 있었는데도 왜 이런 선택을 했을까"라는 질문이 나중에 따라올 것 같은 기분이 든다. 그래서 사람들은 행동을 미루면서까지 그 질문을 피하려 한다.

이때 중요한 것은, 사람들이 실제로는 더 많은 결정을 하고 있다는 점이다. 겉으로 보면 손이 느려진 것 같지만, 그 사이에 이루어지는 판단의 횟수는 오히려 늘어났다. 행동 하나를 하기 전에 고려하는 조건이 많아졌고, 고려하지 않은 것처럼 보이는 선택을 경계하게 되었다. 결정의 수는 줄지 않았지만, 결정 하나에 걸리는 시간이 길어졌다. 그래서 하루는 더 바쁘게 느껴지는데, 성취감은 줄어든다.

이 구조는 사람에게 묘한 피로를 남긴다. 일을 안 해서 피곤한 것이 아니라, 계속 판단하고 설명할 준비를 하느라 피곤해진다. 머릿속에서는 늘 "이 선택을 어떻게 말로 풀 수 있을까"를 동시에 계산한다. 이 설명 가능성에 대한 계산은 공식 업무로 기록되지 않지만, 실제 에너지를 가장 많이 소모하는 부분이다. 그래서 하루를 마치고 나면, 분명 많은 일을 했는데도 어딘가 지친 느낌이 남는다.

또 하나의 변화는, 실수가 줄어든 대신 망설임이 늘어났다는 점이다. AI는 오류를 줄이는 데 큰 도움을 준다. 과거라면 놓쳤을 숫자, 빼

먹었을 일정, 정리되지 않았을 정보를 대신 잡아준다. 그만큼 명백한 실수는 줄어든다. 하지만 그 빈자리를 채우는 것은 "이 선택이 맞느냐"라는 더 추상적인 질문이다. 실수는 줄었지만, 확신도 함께 줄어든다.

이 상황에서 사람들은 종종 자신을 과하게 검열한다. "이 정도면 충분하지 않나"라는 생각보다 "혹시 부족하다고 보이지 않을까"라는 걱정이 먼저 든다. 그래서 행동을 늦추고, 한 번 더 확인하고, 필요 이상으로 안전한 선택지를 찾는다. 이 과정은 조직 차원에서는 안정성을 높이지만, 개인 차원에서는 속도를 갉아먹는다. 그리고 이 속도 저하는 개인의 문제처럼 오해되기 쉽다.

하지만 이 느려짐은 게으름도, 무능도 아니다. 판단의 기준이 바뀌었기 때문에 생기는 자연스러운 반응이다. AI 이전에는 빠르게 움직이는 것이 미덕이었다면, 지금은 "왜 그렇게 움직였는지 말할 수 있는가"가 더 중요해졌다. 행동 자체보다 행동의 맥락이 평가 대상이 되었다. 이 평가 구조 속에서 손이 느려지는 것은 오히려 합리적인 선택이다.

그래서 지금의 일터에서는 묘한 대비가 생긴다. 시스템은 점점 더 빨라지는데, 사람은 점점 더 신중해진다. 기술은 앞서 나가는데, 판단은 뒤에서 따라오며 무게를 더한다. 이 간격이 바로 많은 사람들이 체감하는 "속도의 어긋남"이다. 일은 빨라졌는데, 왜 나는 더 바쁜지 모르겠다는 느낌은 이 어긋남에서 나온다.

결국 정보가 많아졌는데 손이 느려진 이유는 명확하다. 판단이 줄어든 것이 아니라, 판단의 의미가 커졌기 때문이다. AI는 선택을 준비해 주지만, 그 선택을 책임지는 순간까지 대신해 주지는 않는다. 그래서 사람은 행동하기 전에 한 번 더 멈춘다. 이 멈춤은 비효율이 아니라, 바뀐 일의 조건에 적응하는 과정이다. 그리고 이 감각이 바로 AI 이후, 많은 사람들이 공유하게 된 새로운 일의 리듬이다.

02

추천은 친절해졌는데,
왜 결정을 미루게 될까

AI가 업무에 깊숙이 들어온 이후, 회사 안에서 가장 자주 목격되는 변화 중 하나는 일이 거의 끝난 상태에서 유독 시간이 늘어나는 순간이다. 자료는 정리됐고, 검토도 여러 차례 거쳤으며, 추천 결과까지 화면에 깔끔하게 정리돼 있다. 이제 남은 건 마지막 단계, 버튼을 누르는 일뿐이다. 그런데 바로 그 지점에서 손이 멈춘다. 아주 짧은 정적이지만, 이 멈춤은 하루에도 몇 번씩 반복된다.

예전에는 버튼을 누르는 일이 큰 의미를 갖지 않았다. 승인, 발송, 공유, 적용 같은 버튼들은 절차의 일부였고, 다음 단계로 넘어가기 위한 신호에 가까웠다. 문제가 생기면 고치면 됐고, "일단 진행해 보자"는 말이 자연스럽게 통용됐다. 버튼은 일을 움직이게 하는 도구였지, 판단을 대표하는 행위는 아니었다.

하지만 지금은 다르다. 버튼 하나가 곧 결정처럼 느껴진다. 누르는 순간, 선택의 주체가 또렷해지고, 그 선택은 기록으로 남는다. 그래서 버튼 앞에 선 사람은 무의식적으로 한 가지를 더 생각하게 된다. "이 선택을 내가 했다고 말할 수 있을까." 이 질문이 떠오르는 순간, 손은 쉽게 움직이지 않는다.

예를 들어 외부로 자료를 공유해야 하는 상황을 떠올려 보자. AI는 문서를 정리해 주고, 표현을 다듬고, 누락 가능성까지 점검해 준다. 기술적으로는 더 손볼 게 없어 보인다. 하지만 공유 버튼 앞에서 담당자는 잠시 멈춘다. 표현 하나, 시점 하나가 나중에 어떤 의미로 해석될지 떠올리게 된다. "지금 이 타이밍이 맞을까." "조금 더 기다리면 상황이 바뀌지는 않을까." 질문은 작지만, 질문의 수는 점점 늘어난다.

이 멈춤은 정보가 부족해서 생기는 것이 아니다. 오히려 정보가 충분하기 때문에 생긴다. AI는 선택에 필요한 근거를 이미 다 갖춰놓는다. 그래서 버튼을 누르는 행위는 더 이상 시도가 아니라, 하나의 선언처럼 느껴진다. 나중에 누군가가 물으면, "왜 이 시점에 이 버튼을 눌렀는지"를 설명해야 할 것 같은 기분이 따라붙는다. 이 예상 질문이 사람을 멈추게 만든다.

그 장면을 굳이 강의 현장으로 끌어오지 않아도, 회사 안에서는 이미 익숙하게 반복되고 있다. 예전에는 버튼이 일을 끝내는 도구였다면, 지금은 책임을 시작하는 신호에 가깝다. 버튼을 누르기 전까지는 아직 여러 가능성의 영역에 머물러 있지만, 누르는 순간 그 가능성은 하나의 현실로 고정된다. 그래서 사람들은 버튼 앞에서 잠시 멈춘다. 결과를 만드는 행위라기보다, 그 결과를 감당하겠다는 선언처럼 느껴지기 때문이다. 이 작은 동작 하나에 판단과 책임이 함께 실리면서, 일은 끝나는 것이 아니라 비로소 시작되는 것처럼 보이게 된다. 그래서 사람들은 그 경계를 쉽게 넘지 않으려 한다.

이 변화는 개인의 성격 문제로 오해되기 쉽다. "요즘은 왜 이렇게 조심스러울까.", "결정이 너무 느려진 것 아니야." 하지만 조금만 들여다보면, 이건 개인의 태도 변화라기보다 환경이 만들어낸 반응이다. AI가 개입한 이후, 버튼은 단순한 실행이 아니라 "판단의 흔적"으로 남는다. 그래서 사람들은 그 흔적을 남기기 전에 한 번 더 숨을 고른다.

이 멈춤이 반복되면서 조직의 리듬도 바뀐다. 버튼을 누르는 사람은 점점 줄어들고, 누르기 전에 확인해야 할 단계는 늘어난다. 추가 의견을 묻고, 한 번 더 공유하고, 혹시 모를 상황을 가정한다. 겉으로 보면 신중함이 강화된 것처럼 보이지만, 실제로는 버튼 하나에 실린 의미가 무거워졌기 때문이다.

이 과정에서 조직 안에는 묘한 공기가 형성된다. "지금은 굳이 서두를 필요는 없다"는 분위기다. 예전에는 빠르게 누르고 수정하는 쪽이 자연스러웠다면, 지금은 천천히 누르고 설명을 준비하는 쪽이 더 안전한 선택처럼 느껴진다. 그래서 버튼을 누르지 않은 상태 자체가 하나의 방어가 된다. 아무 일도 일어나지 않았기 때문에, 설명할 것도 책임질 것도 아직 없다는 감각이 작동한다.

이 변화는 일의 평가 기준에도 영향을 미친다. 무엇을 성취했는지보다, 어떤 판단을 피했는지가 은근히 중요해진다. 버튼을 눌러 결과를 만든 사람보다, 버튼을 누르지 않고 상황을 지켜본 사람이 더 신중한 사람처럼 보이는 순간이 생긴다. 이 지점에서 사람들은 혼란을 느낀다. 일은 분명 앞으로 나가야 하는데, 멈춰 있는 쪽이 더 현명해 보이는 장면이 늘어나기 때문이다.

흥미로운 점은, 이런 현상이 특정 직무에만 국한되지 않는다는 것이다. 개발, 기획, 마케팅, 운영처럼 역할이 다른 사람들 모두 비슷한 경험을 한다. 형태는 달라도 본질은 같다. "지금 이 버튼을 내가 눌러도 되는가." 이 질문은 더 이상 기술적인 문제가 아니라, 판단의 문제다. 그리고 판단은 언제나 사람을 잠시 멈추게 만든다.

이 순간, 사람들은 스스로에게 묻는다. "내가 책임질 수 있는 범위는 어디까지인가.", "이 선택은 나 혼자 감당해도 되는가." AI는 선택지를 제시해 주지만, 버튼을 누르는 순간의 책임까지 대신해 주지는 않는다. 그래서 버튼 앞에서의 멈춤은, 사람이 여전히 판단의 주체라는 사실을 확인하는 시간이기도 하다.

버튼을 누르기 전의 이 짧은 정적은 앞으로도 쉽게 사라지지 않을 것이다. AI가 더 정교해질수록, 추천은 더 정확해질수록, 그 버튼이 상징하는 의미는 더 커진다. 그래서 사람들은 계속해서 한 번 더 멈춘다. 이 멈춤은 비효율이 아니라, 달라진 일의 감각을 보여주는 신호다. AI 시대의 일은 점점 속도가 아니라, 이 짧은 멈춤들로 설명되는 장면이 늘어나고 있다.

이 멈춤은 혼자 있을 때보다, 누군가와 연결된 순간 더 길어진다. 추천 결과를 혼자 확인할 때는 고개를 끄덕이다가도, 그 결과를 팀 채널에 공유하려는 순간 다시 한 번 손이 멈춘다. 이 선택이 다른 사람의 판단에 영향을 주지는 않을지, 혹시 나중에 "왜 이 안을 먼저 꺼냈느냐"는 질문을 받게 되지는 않을지 생각하게 된다. 추천은 충분히 합리적인데, 그 추천을 "먼저 말하는 사람"이 되는 일은 여전히 조심스럽다.

그래서 사람들은 종종 추천을 그대로 전달하지 않는다. AI가 제시한 안을 그대로 공유하기보다는, 한두 문장을 덧붙이거나, 표현을 낮추거나, "참고용으로만 보시면 좋겠다"는 말을 먼저 붙인다. 추천의 정확성보다, 그 추천에 대한 거리 조절이 더 중요해진다. 선택을 제안하는 순간부터 책임의 그림자가 함께 따라온다는 것을 모두가 알고 있기 때문이다.

이런 장면은 회의 자리에서도 반복된다. 화면에는 이미 추천안이 정리돼 있고, 방향도 어느 정도 합의된 상태다. 예전 같으면 누군가가 자연스럽게 "그럼 이 안으로 가시죠"라고 말했을 상황이다. 하지만 지금은 잠깐의 침묵이 흐른다. 추천이 틀려서가 아니라, 그 추천을 "결정으로 바꾸는 말"을 누가 할 것인지가 애매해졌기 때문이다. 모두가 같은 화면을 보고 있지만, 마지막 문장은 쉽게 나오지 않는다.

이때 종종 등장하는 표현이 있다. "조금만 더 보고 결정하죠." 이 말은 시간을 벌기 위한 핑계라기보다, 책임을 분산시키기 위한 안전한 문장에 가깝다. 지금 결정하지 않아도 큰 문제가 없다는 합의이자, 지금 결정했을 때 생길 수 있는 부담을 잠시 미뤄두자는 신호다. 추천은 그대로 남아 있지만, 결정은 공중에 떠 있는 상태가 된다.

추천이 친절해질수록, 이런 유예의 순간은 더 자주 생긴다. AI는 늘 더 나은 대안을 제시할 수 있을 것 같고, 지금의 선택이 "가장 최신의 판단"이 아닐 수도 있다는 생각이 든다. 그래서 사람들은 현재의 추천을 최선이라기보다, 임시적인 상태로 받아들인다. 확정하기에는 아직 이르다는 감각이 자연스럽게 따라붙는다.

이 과정에서 흥미로운 변화도 나타난다. 추천을 검토하는 데 쓰는 시간은 늘어나지만, 실제로 추천의 내용을 깊이 의심하는 경우는 많지 않다. 사람들은 추천이 틀렸을 가능성보다, 추천을 받아들이는 자신의 위치를 더 고민한다. 이 선택을 내가 감당해도 되는지, 아니면 조금 더 위에서 판단해 주는 것이 맞는지 스스로에게 묻는다. 판단의 무게는 추천의 정확성보다, 책임의 방향에서 더 크게 느껴진다.

그래서 어떤 조직에서는 추천을 둘러싼 새로운 관행이 생기기도 한다. 결정 전에 한 번 더 공유하고, 한 번 더 의견을 묻고, 한 번 더 확인하는 절차다. 겉으로 보면 신중한 프로세스처럼 보이지만, 그 안에는 버튼을 누르는 순간을 최대한 늦추려는 심리가 깔려 있다. 추천은 여러 번 돌지만, 결정은 쉽게 내려오지 않는다.

이런 환경에서 사람들은 점점 "결정을 미루는 기술"에 익숙해진다. 명확하게 반대하지도 않고, 그렇다고 앞장서서 확정하지도 않는다. 추천을 검토하는 데에는 적극적이지만, 그 추천을 실행으로 옮기는 단계에서는 한 발 물러선다. 이 태도는 소극적으로 보일 수 있지만, 실제로는 환경에 적응한 결과에 가깝다.

추천이 넘쳐나는 환경에서는, 무엇을 선택했는지보다 무엇을 선택하지 않았는지가 더 오래 기억된다. 그래서 사람들은 선택의 순간을 최대한 늦추고, 그 사이에 상황이 바뀌기를 은근히 기대한다. 시간이 지나 선택 자체가 필요 없어지거나, 누군가 대신 결정해 주기를 기다린다. 이 기다림은 게으름이 아니라, 책임의 무게를 다루는 방식 중하나다.

결국 추천이 친절해졌다는 말은, 결정이 쉬워졌다는 뜻이 아니다. 오히려 선택의 근거가 명확해질수록, 그 선택을 감당해야 하는 사람의 위치가 더 분명해졌다는 의미다. 그래서 버튼 앞에서의 멈춤은 계속해서 반복된다. AI는 결정을 돕지만, 결정의 주체를 대신해 주지는 않는다. 이 간극 속에서 사람들은 오늘도 버튼 앞에 서서 잠깐 멈춘다.

03

일이 느려진 것이 아니라,
일이 바뀌고 있다

많은 사람들이 요즘 일을 두고 이렇게 말한다. "분명히 예전보다 도구는 좋아졌는데, 왜 이렇게 일이 더디게 느껴질까." 여기서 중요한 건 실제 속도가 느려졌느냐가 아니다. 자료는 더 빨리 만들어지고, 정리는 훨씬 수월해졌고, 산출물의 완성도도 전반적으로 올라갔다. 그런데도 일이 잘 굴러간다는 느낌은 줄어들었다. 이건 속도의 문제가 아니라, 일이 작동하는 방식 자체가 달라졌기 때문이다.

예전의 일은 비교적 단순한 구조였다. 일을 시작하고, 결과를 만들고, 그 결과를 넘기면 다음 단계로 넘어갔다. 중간에 설명이 필요하더라도, 그 설명은 부수적인 것이었다. 결과가 중심이었고, 설명은 보조였다. 하지만 지금의 일은 순서가 바뀌었다. 결과를 만드는 일과, 그 결과를 설명하는 일이 거의 동시에 진행된다. 어떤 일을 하느냐만큼, 왜 그렇게 했느냐를 함께 준비해야 한다.

이 변화는 일을 "앞으로 밀어붙이는 행위"에서 "주변으로 펼쳐놓는 행위”로 바꿔놓았다. 하나의 결과물이 나오면, 그 결과는 곧바로 여러 사람의 화면에 동시에 나타난다. 공유되고, 검토되고, 다시 정리된다. 일은 한 방향으로 전진하기보다, 옆으로 넓어지며 퍼진다. 그래서 일은 계속 진행 중인 것처럼 보이지만, 어디까지 왔는지를 한 문장으로 말하기는 점점 어려워진다.

이 과정에서 눈에 띄게 늘어난 역할이 있다. 바로 결정을 내리는 사람보다, 판단을 정리하고 맥락을 설명하는 사람이다. 누군가는 “이 안이 왜 나왔는지”를 정리하고, 누군가는 “지금 이 선택이 어떤 영향을 미칠지”를 정리한다. 일을 직접 밀어붙이는 사람은 줄어들고, 일을 안전하게 연결하는 사람이 늘어난다. 조직 안에서 “조율”이 하나의 핵심 업무가 된다

또 하나 달라진 점은, 일이 개인의 손을 떠나는 시점이다. 예전에는 일정 단계까지는 개인이 책임지고 끌고 가다가, 어느 순간 조직으로 넘기는 구조였다. 지금은 일이 처음부터 여러 사람의 시야 안에 놓인다. 초안 단계부터 공유되고, 중간 결과도 계속 열려 있다. 그만큼 혼자 판단할 수 있는 구간은 짧아지고, 대신 여러 사람의 의견을 거쳐야 하는 구간은 길어진다.

이 변화는 개인이 성장하는 방식에도 영향을 준다. 예전에는 일을 많이 해보는 과정에서 자연스럽게 판단력이 쌓였다면, 지금은 같은 일을 반복할 기회 자체가 줄어든다. 자동화 덕분에 시행착오의 구간이 압축되면서, 사람은 결과를 통해 배우기보다 설명을 통해 배우는 상황에 놓인다. 직접 부딪혀서 익히기보다는, 왜 이런 선택이 나왔는

지를 따라가며 이해하는 시간이 늘어난다. 배움은 정교해졌지만, 몸에 익기까지는 더 긴 시간이 필요해진다.

이런 구조에서는 일이 끝났는지 아닌지를 가르는 기준도 흐려진다. 문서는 완성됐지만 공유가 남아 있고, 공유는 끝났지만 추가 의견을 기다리고 있고, 의견은 모였지만 정리가 필요하다. 그래서 일은 항상 "거의 끝난 상태"로 존재한다. 완료보다 진행이 기본 상태가 되고, 다음 단계는 늘 열려 있는 채로 남는다.

그 결과, 일의 양은 줄지 않는데 진도는 잘 보이지 않는 상황이 만들어진다. 회의는 늘고, 자료는 계속 업데이트되지만, 방향이 고정되는 순간은 드물어진다. 일을 하고 있다는 사실은 분명한데, 일이 어디까지 왔는지를 말하려면 설명이 길어진다. 이 지점에서 많은 사람들이 막연한 답답함을 느낀다. 하지만 이 답답함은 개인의 문제라기보다, 일의 형태가 달라진 데서 오는 자연스러운 반응이다.

평가 방식도 이 변화에서 자유롭지 않다. 예전에는 무엇을 해냈는지가 중요했다면, 지금은 무엇을 피했는지, 어떤 위험을 줄였는지가 은근히 중요해진다. 크게 틀리지 않는 선택이 안정적으로 보이고, 과감한 시도는 추가 설명을 요구받는다. 그래서 조직 안에서는 "잘한 일"보다 "문제 없었던 일"이 더 오래 기억되는 경우가 많아진다.

이 모든 변화의 핵심은 하나다. 일이 느려진 것이 아니라, 일이 도착해야 할 지점이 달라졌다. 예전에는 결과가 도착점이었다면, 지금은 그 결과를 둘러싼 설명과 합의까지가 도착점이 된다. 같은 일을 하더라도, 그 일을 정리하는 데 필요한 과정이 길어졌을 뿐이다.

그래서 지금의 일을 예전의 기준으로만 바라보면 계속 어긋난다. "왜 이렇게 오래 걸리지"라고 묻기보다는, "이 일이 예전과 다른 방식으로 작동하고 있구나"라고 이해하는 편이 정확하다. AI 이후의 일은 더 빨리 만들어지지만, 더 천천히 정돈된다. 이 간극 속에서 우리는 느려진 것이 아니라, 달라진 일의 형태에 적응하고 있는 중이다.

이 변화는 하루의 업무 리듬에서도 분명하게 드러난다. 예전에는 하루를 돌아보면 "오늘 이 일은 끝냈다"라고 말할 수 있는 지점들이 있었다. 보고서를 제출했고, 기획안을 넘겼고, 실행이 시작됐다면 그날의 일은 정리된 셈이었다. 하지만 지금은 하루가 끝나도 일이 끝났다는 느낌이 잘 남지 않는다. 오늘 한 일은 대부분 "다음 대화를 위한 준비"로 남는다. 오늘 정리한 내용은 내일 다시 꺼내질 가능성을 전제로 한다.

그래서 사람들은 일을 하면서 동시에 대비한다. 지금 만든 결과가 다시 호출될 상황을 미리 상상한다. "이걸 왜 이렇게 했느냐고 물으면 뭐라고 설명하지.", "다른 선택지는 왜 제외했는지 정리해 둘 필요는 없을까." 실제로 그런 질문이 오지 않아도, 그 질문을 대비하는 시간이 자연스럽게 포함된다. 이 시간은 일정표에 찍히지 않지만, 하루의 상당 부분을 차지한다.

이 때문에 업무 시간의 밀도도 달라진다. 예전에는 집중해서 처리하고 나면 비교적 명확한 마무리가 있었다면, 지금은 집중의 끝에 또 다른 준비가 따라온다. 결과를 만들고, 그 결과를 설명할 준비를 하고, 다시 맥락을 정리한다. 일의 끝이 하나의 선으로 정리되지 않고,

여러 갈래로 나뉜다. 그래서 체감상 하루는 늘 바쁜데, 일했다는 확신은 오래 남지 않는다.

이 변화는 특히 협업 환경에서 더 두드러진다. 여러 사람이 동시에 같은 정보를 보고 판단해야 하는 상황에서는, 누군가가 앞서 나가는 것이 조심스러워진다. 먼저 결론을 말하는 순간, 그 결론에 대한 설명 책임이 함께 따라오기 때문이다. 그래서 협업에서는 "먼저 말하는 사람"보다 "잘 정리하는 사람"이 더 중요해진다. 방향을 제시하는 역할보다, 방향을 안전하게 다듬는 역할이 커진다.

이 지점에서 또 하나의 변화가 나타난다. 사람들은 일을 끝내기보다, 일을 "유지"하는 데 익숙해진다. 한 번 잘 만들어 놓고 끝내는 것이 아니라, 계속해서 꺼내 쓰일 수 있는 상태로 관리한다. 문서는 완성품이 아니라, 계속 업데이트되는 참고 자료가 된다. 일은 결과물이 아니라, 상태로 존재한다.

이렇게 일이 상태로 남아 있으면, 사람은 늘 약간의 긴장 속에 놓인다. 언제 다시 이 일이 호출될지 모르기 때문이다. 갑작스러운 질문, 추가 요청, 방향 수정이 들어와도 바로 대응할 수 있어야 한다는 압박이 생긴다. 그래서 일은 책상 위에서 끝나지 않고, 머릿속에 남아 있는 시간이 길어진다.

이 변화는 특히 경험이 쌓일수록 더 분명해진다. 일을 많이 해본 사람일수록, "이게 끝이 아니라는 걸" 더 잘 안다. 그래서 더 조심스럽고, 더 많이 대비한다. 역설적으로 숙련자가 더 느려 보이는 순간이 생기는 이유다. 이는 능력이 떨어져서가 아니라, 일이 어떻게 다시 돌아오는지를 이미 여러 번 겪어봤기 때문이다.

결국 지금의 일은 처리의 문제가 아니라, 유지와 관리의 문제가 된다. 빨리 끝내는 능력보다, 다시 꺼내도 흔들리지 않게 정리해 두는 능력이 중요해진다. 이 능력은 눈에 잘 띄지 않지만, 조직이 안정적으로 돌아가게 만드는 핵심 요소다.

그래서 "일이 왜 이렇게 더디게 느껴질까"라는 질문은 이렇게 바꿔야 한다. "이 일은 왜 이렇게 오래 함께 가야 하는 구조가 되었을까." 이 질문을 던지는 순간, 지금의 답답함은 다른 의미로 보인다. 우리는 일을 미루고 있는 것이 아니라, 달라진 방식의 일에 맞춰 호흡을 조절하고 있는 중이다.

AI 이후의 일은 단거리 달리기가 아니라, 긴 구간을 전제로 한 이동에 가깝다. 빠르게 출발할 수는 있지만, 어디서 멈출지는 쉽게 정해지지 않는다. 그래서 사람들은 속도를 줄인 것이 아니라, 오래 갈 수 있는 방식으로 걷는 법을 배우고 있다.

누가 판단했는지
설명해야 하는 일이 늘어났다

AI가 업무에 깊이 들어온 조직에서 어느 순간부터 자주 들리기 시작한 질문이 있다. "이건 누가 판단한 건가요." 예전에도 책임을 묻는 질문은 있었지만, 지금의 이 질문은 결이 조금 다르다. 잘못된 결과를 추궁하기 위한 질문이라기보다는, 결정의 출처를 확인하려는 질문에 가깝다. 이 질문이 자연스럽게 오가는 순간부터, 일의 분위기는 눈에 띄게 달라진다.

예를 들어 어떤 안건이 실행된 뒤 예상과 다른 반응이 나왔다고 해보자. 큰 문제가 생긴 것은 아니지만, 누군가는 이유를 알고 싶어 한다. 이때 예전 같았으면 "팀에서 그렇게 판단했다"거나 "상황상 그게 최선이었다"는 말로 넘어갈 수 있었다. 하지만 지금은 그렇지 않다. "그 판단은 누가 했는지", "어떤 근거로 그렇게 결정됐는지"를 구체적으로 묻는 흐름이 자연스럽게 이어진다. 그리고 그 질문은 종종 이렇게 바뀐다. "AI가 그렇게 추천한 건가요, 아니면 사람이 그렇게 정한 건가요."

이 질문이 등장하는 순간, 회의실 공기는 미묘하게 바뀐다. 추천과 판단의 경계가 선명하지 않기 때문이다. AI는 여러 선택지를 정리해 주고, 그중 하나를 가장 적절한 방향으로 표시해 주었다. 사람들은 그 추천을 참고해 실행했다. 하지만 막상 결과에 대한 설명이 필요해지면, 모두가 잠시 말을 고른다. 추천을 따랐을 뿐이라고 말하기에는 어딘가 불충분하고, 그렇다고 전적으로 사람이 판단했다고 말하기에도 부담이 따른다.

이 장면에서 사람들이 가장 많이 망설이는 지점은 바로 여기다. "이 선택을 내가 했다고 말해야 할까." AI가 만든 추천은 분명 선택의 근거였지만, 그 추천을 채택한 것은 결국 사람이었다. 그렇다면 판단의 주체는 누구인가. 이 질문에 명확하게 답하기 어려울수록, 사람들은 설명을 늦추고 말을 조심하게 된다.

요즘 회사 안에서 이런 사례를 마주할 때, 판단과 설명이 분리되기 시작했다는 점이 눈에 띈다. 예전에는 판단을 한 사람이 설명도 함께 맡았다. 판단의 순간과 설명의 책임이 한 사람에게 묶여 있었기 때문이다. 하지만 지금은 판단 과정에 AI가 끼어들면서, 설명의 방향이 복잡해졌다. "내가 판단했다"는 말 한마디로 정리되던 일이, 이제는 여러 단계를 거쳐야 하는 이야기가 된다.

이 변화는 사람들의 행동에도 영향을 준다. 판단을 내리기 전부터, 나중에 설명해야 할 장면을 미리 떠올리게 된다. "이 결정을 나중에 어떻게 설명할 수 있을까." 이 질문이 머릿속에 떠오르는 순간, 판단은 더 신중해지고, 때로는 더 늦어진다. 판단 자체보다 설명이 더 어렵게 느껴지는 순간이 늘어난다.

조직 차원에서도 비슷한 흐름이 나타난다. 명확한 판단보다, 설명 가능한 판단이 더 선호된다. 결과가 조금 덜 좋더라도, "과정은 충분히 검토했다"는 설명이 가능한 쪽이 안전하게 느껴진다. 그래서 사람들은 판단을 단순화하기보다, 판단의 과정을 길게 만든다. 검토 기록을 남기고, 의견을 더 모으고, 가능한 한 많은 사람을 판단의 과정에 포함시키려 한다.

이 과정에서 판단의 주체는 점점 흐려진다. 모두가 의견을 냈고, 모두가 동의했지만, 막상 "누가 판단했는지"를 묻는 질문 앞에서는 잠시 정적이 흐른다. 판단이 사라진 것이 아니라, 판단의 위치가 분산된 것이다. 그리고 이 분산은 설명의 부담을 개인이 아닌 집단으로 옮겨 놓는다.

하지만 설명의 부담이 완전히 사라지는 것은 아니다. 오히려 더 은근하게 남는다. 판단을 내리지 않은 상태로 머무르는 것이 가장 안전해 보이는 선택이 되기도 한다. 아직 결정하지 않았기 때문에, 설명할 것도 없다는 감각이 작동한다. 그래서 사람들은 결정을 미루는 동시에, 설명을 미룬다.

이런 장면이 반복되면서, 회사 안에서는 새로운 능력이 중요해진다. 빠른 판단 능력보다, 판단의 과정을 설명하는 능력이다. 무엇을 선택했는지보다, 왜 그 선택에 이르렀는지를 말할 수 있어야 한다. AI 가 추천을 잘해줄수록, 이 설명 능력은 더 중요해진다.

결국 AI가 들어온 뒤 늘어나는 것은 판단 그 자체가 아니라 판단을 설명해야 하는 순간들이다. 그리고 이 설명의 부담은 사람들을 한 번 더 멈추게 만든다. "이 판단을 내가 했다고 말할 수 있는가." 이 질문은 단순한 책임 회피가 아니라, 달라진 업무 환경에서 사람들이 자연스럽게 갖게 된 고민이다. AI 시대의 결정이 어려워진 이유는, 이 질문을 피해 갈 수 없게 되었기 때문이다.

이 질문이 반복되기 시작하면, 사람들은 판단 이후보다 판단 이전의 시간을 더 많이 쓰게 된다. 결정을 내린 뒤 설명하는 것보다, 설명할 수 있는 결정만을 고르려 하기 때문이다. 그래서 실제 업무에서는 선택의 폭이 점점 좁아진다. 여러 가능성 중에서 가장 설득하기 쉬운 방향이 먼저 살아남고, 설명이 까다로울 것 같은 선택지는 초기 단계에서 자연스럽게 밀려난다.

이 변화는 문서의 형태에서도 드러난다. 예전에는 결과 중심의 보고서가 많았다면, 이제는 과정 중심의 기록이 늘어난다. 결론보다 검토 경로가 더 길게 적히고, 선택하지 않은 안들에 대한 설명이 덧붙는다. 무엇을 했는지보다, 무엇을 하지 않았는지를 증명하는 문장이 늘어난다. 판단의 결과보다 판단의 정당성을 먼저 확보하려는 흐름이다.

이 과정에서 회의의 언어도 조금씩 달라진다. "이게 맞다"는 표현보다 "이렇게 검토했다"는 표현이 늘어난다. 확신을 드러내는 말은 줄어들고, 검토의 흔적을 남기는 말이 더 많이 쓰인다. 결정의 순간은 짧아지지만, 그 결정을 둘러싼 설명은 길어진다. 회의는 결정을 내리는 자리가 아니라, 설명을 준비하는 공간처럼 느껴지기도 한다.

사람들은 점점 판단을 하나의 사건이 아니라, 하나의 서사로 다루기 시작한다. 언제 어떤 정보를 봤고, 누구의 의견을 참고했고, 왜 그 선택지가 남았는지를 이야기할 수 있어야 안심이 된다. 이 서사가 충분히 준비되지 않으면, 판단은 보류된다. 결정이 틀릴까 봐서가 아니라, 설명이 흔들릴까 봐서다.

이런 환경에서는 판단을 잘하는 사람보다, 판단을 잘 설명하는 사람이 더 신뢰를 받는다. 결과가 좋았는지 보다, 설명이 매끄러웠는지가 평가에 영향을 미친다. 그래서 사람들은 점점 판단의 순간보다, 설명의 장면을 더 의식한다. "이걸 어떻게 말해야 하지"라는 질문이 판단보다 먼저 떠오르는 순간도 생긴다.

이때부터 조직 안에는 묘한 기준이 자리 잡는다. 판단을 빠르게 내린 사람보다, 충분히 검토했다고 말할 수 있는 사람이 더 안정적으로 보인다. 결정의 속도는 장점이 되기 어렵고, 신중함은 쉽게 미덕으로 받아들여진다. 그래서 판단은 늦어지지만, 설명은 점점 정교해진다.

이 변화는 책임을 받아들이는 방식에도 영향을 준다. 판단을 했다는 사실보다, 그 판단을 어떻게 설명했는지가 더 오래 기억된다. 결과가 좋지 않았을 때도, 설명이 잘 준비되어 있으면 큰 문제가 되지 않는 경우가 늘어난다. 반대로 결과가 나쁘지 않더라도, 설명이 부족하면 불안한 시선이 따라온다. 판단의 무게가 결과에서 설명으로 이동한 셈이다.

이 흐름 속에서 사람들은 자연스럽게 한 가지를 학습한다. 판단을 내리지 않는 상태는 설명할 필요가 없다는 점이다. 아직 결정하지 않았기 때문에, 아직 책임도 없다는 인식이 작동한다. 그래서 결정은 미뤄지고, 설명도 함께 미뤄진다. 판단을 하지 않는 선택이 가장 안전한 선택처럼 느껴지는 순간들이 늘어난다.

결국 "누가 판단했는지"를 묻는 질문은, 단순히 책임을 가리기 위한 질문이 아니다. 이 질문은 조직이 무엇을 중요하게 여기고 있는지를 드러내는 신호다. 결과보다 설명을, 속도보다 정당성을 더 중시하는 환경에서는 이 질문이 계속해서 반복될 수밖에 없다.

AI가 들어온 뒤 늘어난 것은 판단의 횟수가 아니라, 판단을 둘러싼 설명의 밀도다. 그리고 이 밀도가 높아질수록, 사람들은 판단을 더 조심스럽게 다룬다. 설명해야 할 말이 많아질수록, 결정의 순간은 더 늦춰진다. 이것이 지금 많은 조직에서 동시에 나타나고 있는 변화다.

(05)

실수는 줄었는데,
불안은 왜 더 커졌을까

AI가 업무에 깊이 들어온 이후, 많은 조직에서 공통적으로 확인되는 변화가 있다. 눈에 띄는 실수는 분명히 줄어들었다는 점이다. 숫자가 틀리는 일도, 자료를 빠뜨리는 일도, 기본적인 오류도 예전보다 훨씬 적다. 표면적으로 보면 일은 더 안정적으로 돌아간다. 그런데 이상하게도 사람들의 표정은 더 편해지지 않는다. 오히려 사소한 일 앞에서도 불안이 먼저 앞선다.

예를 들어 정기적으로 반복되는 업무를 맡고 있는 한 담당자의 하루를 떠올려 보자. AI는 이미 업무 흐름을 정리해 주고, 누락 가능성이 있는 부분을 미리 표시해 준다. 체크리스트도 자동으로 채워지고, 이상 징후가 있으면 경고까지 띄운다. 실제로 실수는 거의 발생하지 않는다. 그런데도 담당자는 일을 마친 뒤에도 화면을 한 번 더 확인한다. 이미 확인이 끝났는데도, 마음이 놓이지 않는다.

이 장면에서 중요한 것은, 불안이 실수에서 비롯되지 않는다는 점이다. 예전에는 실수를 했을 때 불안해졌다면, 지금은 실수를 하지 않았음에도 불안해진다. 이유는 단순하다. AI가 대부분의 오류를 걸러주기 때문에, 남아 있는 선택의 영역이 오히려 더 또렷해졌기 때문이다. 실수는 줄었지만, 그 대신 판단의 무게가 한 사람에게 더 선명하게 남는다.

추천과 자동 점검이 늘어날수록, 사람들은 자연스럽게 이런 질문을 하게 된다. "AI가 놓친 게 있지는 않을까.", "이건 시스템이 잡아낼 수 없는 문제는 아닐까." 이 질문은 불신에서 출발하지 않는다. 오히려 AI를 잘 알고 있기 때문에 생기는 질문이다. 시스템이 잘하는 영역과 그렇지 않은 영역을 구분할수록, 사람은 그 경계에 서 있는 순간을 더 의식하게 된다.

이때 불안은 아주 미묘한 형태로 나타난다. 큰 실패에 대한 두려움이 아니라, 설명하기 어려운 찜찜함에 가깝다. 수치는 맞고, 절차도 맞고, 추천도 적절해 보이는데, 혹시 맥락을 놓친 건 아닐까 하는 생각이 머릿속을 떠나지 않는다. 이런 상태는 명확한 근거가 없기 때문에 더 쉽게 사라지지 않는다.

요즘 회사 안에서 드러나는 사례들을 보면, 불안의 성격이 달라졌다는 점이 분명해진다. 예전의 불안은 "틀리면 어쩌지"였다면, 지금의 불안은 "내가 책임져야 할 판단이 남아 있는 건 아닐까"에 가깝다. 실수는 시스템이 줄여주지만, 책임은 시스템이 가져가지 않는다. 그래서 사람들은 자신도 모르게 남아 있는 책임의 영역을 계속 더듬어 본다.

이 변화는 개인의 성향 문제로 오해되기 쉽다. "요즘은 다들 너무 예민해진 것 아니야." 하지만 실제로는 환경이 만들어낸 반응이다. AI가 오류를 줄여줄수록, 사람이 개입하는 순간은 더 중요해진다. 그리고 중요한 순간이 드물어질수록, 그 순간에 대한 부담은 커진다. 그래서 사람들은 실수하지 않았음에도 긴장을 풀지 못한다.

조직 안에서도 비슷한 장면이 반복된다. 큰 문제가 없는데도, 한 번 더 점검하고, 한 번 더 의견을 묻고, 혹시 모를 상황을 가정한다. 표면적으로는 안전해 보이지만, 이 과정은 불안을 완전히 해소하지는 못한다. 오히려 "우리가 이렇게까지 확인했는데도 문제가 생기면 어떻게 하지"라는 생각이 뒤따른다. 불안은 줄어들기보다 형태를 바꾼다.

흥미로운 점은, 이 불안이 일을 더 성실하게 만들면서도 동시에 일을 더 어렵게 만든다는 것이다. 사람들은 실수를 피하기 위해 노력하지만, 그 노력의 방향이 결과보다는 과정에 집중된다. 결과가 잘 나와도 마음이 편하지 않고, 과정이 길어질수록 불안은 다른 형태로 남는다. 그래서 일은 더 안정적으로 보이지만, 사람의 마음은 더 복잡해진다.

이런 상황에서 사람들은 점점 새로운 기준을 세운다. "실수하지 않았다"는 사실만으로는 안심하지 못하고, "설명할 수 있는 상태인가"를 더 중요하게 생각한다. AI가 대부분의 위험을 제거해 준 환경에서는, 남아 있는 불안의 상당 부분이 설명 가능성과 연결된다. 그래서 사람들은 결과보다 설명을 먼저 떠올린다.

결국 AI가 들어온 뒤 줄어든 것은 실수의 빈도이지, 불안의 양은 아니다. 불안은 사라지지 않고 이동했다. 오류에서 판단으로, 실행에서 책임으로 옮겨갔다. 그래서 실수가 줄어들었음에도 불안이 커졌다고 느끼는 것은 자연스러운 반응이다. 이 인식은 개인의 문제라기보다, 자동화된 환경에서 일하는 사람들이 공통적으로 겪는 변화다. AI 시대의 결정이 어려워진 이유는, 바로 이 보이지 않는 불안이 판단의 순간마다 함께 따라오기 때문이다.

이 불안은 하루를 통틀어 계속 유지되는 감정이라기보다, 짧고 잦은 형태로 나타난다. 큰 사건이 있을 때가 아니라, 오히려 일이 잘 흘러가고 있을 때 문득 고개를 든다. 메일을 보내고 난 뒤, 보고서를 올리고 난 뒤, 회의가 무난하게 끝난 뒤처럼 겉으로는 아무 문제가 없어 보이는 순간이다. 일은 끝났는데, 마음은 아직 끝나지 않은 상태로 남는다.

사람들은 이런 상태를 설명하기 어렵다. 무엇이 불안한지 묻는 질문에 명확하게 답하지 못한다. 수치도 맞고, 절차도 지켰고, 시스템의 경고도 없었다. 그런데도 "혹시"라는 단어가 머릿속을 떠나지 않는다. 이 불안은 구체적인 실패를 상상하게 만들기보다는, 막연한 여지를 남긴다. 그래서 더 다루기 어렵다.

이때 많은 사람들이 선택하는 방식은 불안을 없애려 하기보다, 불안을 관리하는 쪽이다. 일을 더 꼼꼼하게 하고, 기록을 더 남기고, 가능하면 여러 사람의 의견을 거친다. 불안을 없애기보다는, 불안이 문제가 되지 않도록 환경을 만드는 데 에너지를 쓴다. 불안은 개인의 감정이 아니라, 관리해야 할 요소처럼 취급된다.

이 과정에서 일의 기준도 조금씩 달라진다. 예전에는 결과가 중요했다면, 지금은 과정이 충분히 남아 있는지가 더 중요해진다. 결과가 괜찮더라도, "왜 이렇게 했는지"를 설명할 수 없으면 마음이 편하지 않다. 반대로 결과가 아주 뛰어나지 않더라도, 과정이 잘 정리되어 있으면 안심이 된다. 불안은 성과가 아니라 설명 가능성에 따라 조절된다.

이런 변화는 자연스럽게 문서와 커뮤니케이션의 양을 늘린다. 확인 메일이 늘어나고, 공유 문서가 많아지고, 회의 후 정리 내용이 길어진다. 혹시 나중에 문제가 생겼을 때, "우리는 이렇게까지 확인했다"는 흔적을 남기기 위함이다. 불안을 줄이기 위한 행동이지만, 그 행동 자체가 또 다른 부담으로 돌아오기도 한다.

흥미로운 점은, 이런 불안이 특별히 부정적인 감정으로 인식되지 않는다는 것이다. 오히려 책임감의 증거처럼 받아들여지는 경우도 많다. 불안을 느끼지 않는 사람보다, 불안을 느끼는 사람이 더 성실해 보인다. 그래서 사람들은 불안을 드러내지 않기보다는, 불안을 전제로 행동하는 법을 배운다.

조직 차원에서도 비슷한 기준이 형성된다. 실수를 하지 않은 사람보다, 실수를 할 가능성을 충분히 고려한 사람이 더 신뢰를 얻는다. 문제가 발생하지 않았다는 사실보다, 문제가 발생했을 때 어떻게 대응할 수 있는지가 더 중요해진다. 불안은 제거 대상이 아니라, 조직의 안전 장치처럼 기능한다.

하지만 이 방식에는 한계도 있다. 불안을 전제로 움직이다 보면, 항상 최악의 상황을 먼저 떠올리게 된다. 새로운 시도를 할 때보다, 기존 방식을 유지할 때 마음이 편해진다. 실수하지 않는 것이 목표가 되면, 시도 자체가 줄어든다. 불안은 안정성을 높이지만, 동시에 변화의 속도를 늦춘다.

이때 사람들은 종종 피로를 느낀다. 큰 실수를 하지 않았는데도 계속 긴장해야 하고, 일이 잘 끝났는데도 마음이 쉬지 않는다. 불안이 사라지지 않고, 일의 일부로 자리 잡았기 때문이다. 불안은 더 이상 예외적인 감정이 아니라, 업무의 기본 상태처럼 느껴진다.

그래서 요즘 많은 사람들은 일을 잘 해내고도 스스로를 칭찬하지 못한다. "그래도 문제는 없었으니까"라는 말로 스스로를 다독이지만, 완전히 안심하지는 않는다. 잘못하지 않았다는 사실보다, 혹시 놓친 게 없는지가 더 오래 남는다. 불안은 결과보다 여운으로 남는다.

이런 환경에서 중요한 것은, 불안을 없애는 것이 아니라 불안의 위치를 정확히 인식하는 일이다. 지금 느끼는 불안이 실제 위험에서 오는 것인지, 아니면 자동화된 환경에서 자연스럽게 생긴 감각인지 구분할 수 있어야 한다. 그렇지 않으면 불안은 계속해서 판단을 지연시키고, 일을 무겁게 만든다.

결국 실수가 줄어들었는데도 불안이 커졌다는 말은, 일이 더 위험해졌다는 뜻이 아니다. 오히려 책임이 더 또렷해졌다는 의미에 가깝다. AI는 오류를 줄여주었지만, 판단의 의미까지 줄여주지는 않았다. 그래서 사람들은 더 정확하게 일하면서도, 더 많은 감정을 소모한다.

이 불안은 당분간 사라지지 않을 것이다. AI가 더 정교해질수록, 사람이 개입하는 순간은 더 중요해지고, 그 중요함은 다시 불안으로 이어진다. 실수는 계속 줄어들겠지만, 불안은 다른 형태로 계속 남을 것이다. 그리고 이 불안을 어떻게 다루느냐가, AI 시대에 일을 지속 가능하게 만드는 중요한 기준이 되고 있다.

일이 끝났는데도
일이 끝난 느낌이 들지 않는다

AI가 업무에 깊이 들어온 뒤, 많은 사람들이 공통적으로 겪는 어색한 순간이 있다. 분명 해야 할 일은 모두 처리했고, 체크리스트도 비어 있으며, 시스템상으로는 업무가 완료된 상태다. 그런데도 마음이 깔끔하게 정리되지 않는다. 예전 같으면 "이건 끝났다"라고 말할 수 있었을 순간인데, 지금은 그 말이 쉽게 나오지 않는다. 일이 끝났다는 사실과, 일이 끝났다는 느낌 사이에 어색한 간격이 생긴다.

예를 들어 하루 동안 처리해야 할 업무를 모두 마친 상황을 떠올려 보자. AI는 필요한 자료를 정리해 주었고, 문서는 자동으로 업데이트됐으며, 관련자에게 공유도 완료됐다. 화면에는 더 이상 경고나 미완료 표시가 없다. 겉으로 보면 완벽하게 마무리된 하루다. 하지만 쉽게 자리를 뜨지 못한다. 혹시 놓친 맥락은 없는지, 나중에 다시 봐야 할 부분은 없는지 무의식적으로 화면을 한 번 더 훑는다.

이 장면에서 중요한 것은, 일이 미완성이라서 불안한 것이 아니라는 점이다. 오히려 모든 것이 너무 잘 정리돼 있기 때문에 생기는 상태다. AI는 업무를 "처리"하는 데에는 탁월하지만, 그 일이 정말로 "끝났는지"를 느끼게 해 주지는 않는다. 결과는 정리됐지만, 판단의 여운은 남아 있다.

예전에는 일이 끝났다는 인식이 비교적 분명했다. 문서를 제출하거나, 보고를 마치거나, 메일을 보내는 순간이 하나의 마침표 역할을 했다. 그 뒤에 문제가 생기면 다시 시작하면 됐고, 그 전까지는 "일단 여기까지는 끝"이라고 말할 수 있었다. 하지만 지금은 다르다. AI가 만든 결과물은 언제든 다시 열어볼 수 있고, 언제든 더 나은 선택지가 등장할 수 있을 것처럼 느껴진다. 그래서 끝이라는 선이 흐려진다.

이 흐림은 사람의 판단에도 영향을 준다. 일을 마친 뒤에도 "이게 최선이었는지"를 계속 되묻게 된다. AI가 제시한 추천을 따랐고, 큰 오류도 없었지만, 혹시 더 나은 방식이 있었던 건 아닐까 하는 생각이 쉽게 사라지지 않는다. 이 질문은 반드시 답을 요구하지 않기 때문에 더 오래 남는다.

요즘 회사 안에서 반복해서 마주치는 사례를 보면, 일의 종료 방식이 분명히 바뀌었다. 예전에는 사람이 판단하고 사람이 끝을 선언했다면, 지금은 시스템이 일을 정리하고 사람은 그 위에 서서 끝났다고 느끼기를 기다린다. 그런데 그 느낌은 시스템이 대신 만들어 주지 않는다. 그래서 사람은 일을 마친 뒤에도 마음속에서 계속 확인 작업을 한다.

이 변화는 개인의 완벽주의 때문으로 오해되기 쉽다. "요즘은 왜 이렇게 깔끔하게 끝나질 못할까." 하지만 실제로는 업무 환경이 만들어낸 반응이다. AI는 일을 빠르게 처리해 주지만, 그 결과가 정말로 확정된 상태인지에 대한 판단은 여전히 사람에게 남아 있다. 그리고 이 판단은 명확한 기준 없이 반복된다.

조직 안에서도 비슷한 장면이 나타난다. 공식적으로는 완료된 업무가, 며칠 뒤 다시 논의 테이블에 올라온다. 큰 문제가 있어서가 아니라, "한 번만 더 보자"는 이유에서다. 이 재검토는 책임감에서 비롯된 것이기도 하지만, 동시에 일이 완전히 끝났다고 느끼지 못하는 집단적인 감각의 표현이기도 하다.

이 과정이 반복되면, 사람들은 점점 일을 끝내는 데 조심스러워진다. 끝냈다고 말하는 순간, 그 판단에 책임이 따를 것 같기 때문이다. 그래서 업무는 시스템상으로는 완료되지만, 심리적으로는 계속 열려 있는 상태로 남는다. 이 열린 상태는 불안을 키우기도 하고, 동시에 결정을 늦추는 요인이 된다.

흥미로운 점은, 이런 현상이 특정 직무에만 국한되지 않는다는 것이다. 기획이든, 운영이든, 지원이든 형태는 달라도 "일이 끝난 느낌이 들지 않는다"는 말은 비슷하게 나온다. AI가 도와준 결과물일수록, 그 결과에 대한 확신은 오히려 더 늦게 찾아온다.

이렇게 보면, 일이 끝났는데도 끝난 느낌이 들지 않는 이유는 단순하다. AI는 일을 처리하지만, 일의 마침표를 찍어 주지는 않기 때문이다. 그 마침표는 여전히 사람이 찍어야 한다. 그리고 그 마침표를 찍는 행위는, 점점 더 어려운 판단이 되어 가고 있다.

AI 시대의 일은 끝났다는 사실보다, 끝났다고 말할 수 있는 기준을 찾는 일이 더 중요해졌다. 그래서 많은 사람들이 일을 마치고도 잠시 머뭇거린다. 이 머뭇거림은 비효율이 아니라, 달라진 일의 구조를 반영하는 신호다. 자동화된 환경에서 결정이 어려워지는 이유는, 바로 이 끝나지 않은 여운이 판단의 순간마다 따라오기 때문이다.

이 여운은 퇴근 이후에도 이어진다. 자리를 떠났는데도 머릿속에서는 아직 일이 돌아간다. 집으로 가는 길이나 잠자리에 들기 직전, 문득 아까 마무리한 업무가 떠오른다. 이미 끝낸 일인데도, "그때 그 선택이 맞았을까"라는 생각이 스친다. 다시 수정할 계획은 없지만, 완전히 내려놓지도 못한다. 일은 끝났지만, 일의 그림자는 하루를 넘어 따라온다.

이때 사람들은 스스로를 바쁘다고 느끼지 않으면서도, 쉬고 있다는 느낌을 얻지 못한다. 물리적인 업무 시간은 줄었을지 모르지만, 심리적인 업무 시간은 늘어난다. 예전에는 일이 끝나면 생각도 함께 멈췄다면, 지금은 생각이 일보다 더 오래 지속된다. AI가 일을 정리해 줄수록, 사람의 머릿속에서는 그 일이 더 오래 남는다.

이 변화는 시간에 대한 인식에도 영향을 준다. 하루의 시작과 끝이 또렷하지 않다. 업무를 시작하는 순간은 분명한데, 업무를 끝내는 순간은 흐릿하다. 체크리스트는 비어 있지만, 마음속 체크리스트는 여전히 몇 칸이 남아 있는 느낌이다. 그래서 사람들은 일을 마쳤음에도, 다음 일을 바로 시작하지 못하고 잠시 머문다. 쉬기에도, 다시 일하기에도 애매한 상태에 머문다.

이 애매함은 휴식의 질을 바꾼다. 충분히 쉬었는데도 개운하지 않고, 일을 많이 하지 않았는데도 피곤하다. 이는 일이 많아서가 아니라, 일이 닫히지 않았기 때문이다. 끝나지 않은 일은 실제 업무량보다 더 큰 에너지를 소모한다. 사람들은 일을 처리하느라 지치는 것이 아니라, 일을 붙잡고 있는 상태 때문에 지친다.

조직 안에서는 이런 상태가 새로운 문화로 굳어지기도 한다. "혹시 모르니까 한 번 더 보자"는 말이 자연스럽게 통용되고, "완전히 끝났다"고 말하는 사람은 오히려 조심스러워 보인다. 일을 닫는 행위가 용기가 필요한 선택처럼 느껴진다. 그래서 많은 일들이 공식적으로는 완료되지만, 비공식적으로는 계속 열려 있는 상태로 남는다.

이 과정에서 업무의 평가 기준도 달라진다. 일을 끝낸 사람보다, 일을 계속 들여다보는 사람이 더 성실해 보이는 순간이 생긴다. 빠르게 마무리하는 능력보다, 끝까지 붙잡고 있는 태도가 더 책임감 있게 해석된다. 그래서 사람들은 무의식적으로 일을 닫지 않는 쪽을 선택한다. 끝내지 않으면 틀릴 위험도 줄어들기 때문이다.

이런 환경에서는 성취감이 줄어든다. 예전에는 작은 업무 하나를 끝내는 것만으로도 하루의 무게가 가벼워졌다면, 지금은 여러 일을 처리해도 성취감이 명확하게 쌓이지 않는다. 하나의 일이 다른 일로 자연스럽게 이어지고, 그 사이에 명확한 경계가 없다. 일은 연속되고, 성취는 분절되지 않는다.

이때 사람들은 스스로에게 질문한다. "나는 오늘 무엇을 해냈지." 하지만 답은 쉽게 떠오르지 않는다. 처리한 일들은 분명 많지만, 마음에 남는 마침표가 없기 때문이다. AI가 도와준 결과물은 잘 정리돼 있지만, 그 결과를 곧바로 자신의 성취로 받아들이기는 어렵다. 성취를 느끼는 기준이 결과에서 판단의 과정으로 옮겨갔기 때문이다.

이 변화는 장기적으로 사람의 태도에도 영향을 준다. 일을 시작할 때부터, 끝내기 어려울 것이라는 전제가 깔린다. 그래서 처음부터 일을 조금 더 조심스럽게 다룬다. 끝나지 않을 일을 미리 예상하며 움직이기 때문에, 시작도 무거워진다. 시작과 끝이 모두 느려진다.

그럼에도 이 상태를 단순히 부정적으로만 볼 수는 없다. 일이 쉽게 닫히지 않는다는 것은, 그만큼 판단을 가볍게 넘기지 않는다는 뜻이기도 하다. AI가 빠르게 결과를 만들어 주는 환경에서, 사람은 그 결과의 의미를 더 오래 생각하게 된다. 끝나지 않은 느낌은 책임을 완전히 내려놓지 않겠다는 태도의 표현일 수도 있다.

문제는 이 상태를 어떻게 다루느냐에 있다. 끝나지 않은 느낌을 모두 붙잡고 있으면, 일은 점점 사람을 잠식한다. 반대로 이를 무시해 버리면, 판단은 공허해진다. AI 시대에 필요한 것은, 일이 끝났다는 신호를 시스템이 아니라 사람이 스스로 만들어내는 방식이다.

그래서 어떤 조직에서는 의도적으로 "여기까지"를 선언하는 장치를 만든다. 더 이상 검토하지 않기로 합의하거나, 일정 시점 이후에는 수정하지 않기로 정한다. 이는 일을 대충 끝내기 위함이 아니라, 일을 닫기 위한 장치다. 끝을 정하지 않으면, 일은 계속 열려 있기 때문이다.

결국 일이 끝났는데도 끝난 느낌이 들지 않는다는 말은, 일이 더 어려워졌다는 뜻이 아니다. 판단을 마무리하는 책임이 다시 사람에게 돌아왔다는 의미에 가깝다. AI는 일을 정리해 주지만, 일의 경계를 그어 주지는 않는다. 그 경계를 그을 수 있을 때, 사람은 비로소 일을 내려놓을 수 있다.

AI 시대의 일은 더 많이 처리하는 것이 아니라, 언제 멈출지를 정하는 능력과도 연결된다. 그래서 이 끝나지 않은 감각은, 지금 우리가 어떤 기준으로 일하고 있는지를 보여주는 중요한 신호다. 이 신호를 어떻게 해석하느냐에 따라, 일은 부담이 될 수도 있고, 판단의 깊이가 될 수도 있다.

07

결국 사람이 나서야 하는
순간은 언제일까

AI가 업무 전반에 깊이 스며든 조직에서는 대부분의 일이 비교적 매끄럽게 흘러간다. 일정은 자동으로 조정되고, 자료는 정리된 형태로 올라오며, 추천 방향도 비교적 명확하게 제시된다. 그래서 평소에는 사람이 나설 이유가 많지 않아 보인다. 시스템이 제시한 흐름을 따라가면 큰 문제없이 하루가 지나간다.

그런데 어느 순간, 모두가 잠시 멈추는 장면이 나타난다. 추천도 있고, 데이터도 충분한데, 다음 단계로 넘어가지 못하는 순간이다. 화면에는 "가장 적절한 선택"이 표시돼 있지만, 그 표시를 그대로 받아들이는 데에는 묘한 망설임이 생긴다. 이때 사람들은 무의식적으로 서로를 바라본다. 누군가가 대신 말해 주기를 기다리는 듯한 공기가 흐른다.

예를 들어 예외적인 상황이 하나 발생했다고 해보자. 수치상으로는 문제가 없고, 시스템도 기존 기준에 따라 동일한 추천을 내놓는다. 하지만 현장을 잘 아는 사람들은 어딘가 미묘하게 다르다는 느낌을 받는다. 이전과는 조건이 조금 달라졌고, 숫자로는 설명도 지 않는 맥락이 하나 끼어들어 있다. 이 순간, 시스템은 더 이상 답을 주지 않는다. 대신 사람들의 표정이 달라진다.

이때 중요한 질문이 자연스럽게 떠오른다. "이 상황에서도 이 추천을 그대로 따라가도 될까." AI는 과거의 패턴과 기준에 따라 답을 내놓았지만, 지금의 상황은 그 패턴에서 살짝 벗어나 있다. 시스템은 오류를 일으키지 않았지만, 그렇다고 확신을 주지도 않는다. 이 애매한 지점에서 결국 사람이 나서야 한다는 신호가 나타난다.

이런 사례를 들여다보면 한 가지 특징이 보인다. AI는 평균적인 상황에는 강하지만, 예외적인 순간에서는 말을 아낀다. 시스템이 침묵하는 것은 기능 부족이 아니라, 구조적인 한계다. 그리고 그 한계가 드러나는 지점이 바로 사람이 개입해야 하는 시점이다.

이 장면에서 사람들은 다시 판단의 자리로 돌아온다. 추천을 그대로 따를 것인지, 아니면 지금 상황에 맞게 조정할 것인지 선택해야 한다. 그런데 이 선택은 쉽지 않다. 추천을 벗어나면 이유를 설명해야 하고, 추천을 따르면 혹시 놓친 맥락에 대한 책임을 져야 할 것 같기 때문이다. 그래서 판단의 순간은 자연스럽게 길어진다.

흥미로운 점은, 이때 사람들이 갑자기 모든 정보를 다시 들여다본다는 것이다. 이미 검토했던 자료를 다시 열어 보고, 숫자를 다시 확인하고, 과거 사례를 떠올린다. 하지만 이 재검토는 완전한 해답을 주지 않는다. 필요한 정보가 없어서가 아니라, 판단의 기준이 숫자밖에 있기 때문이다. 결국 누군가는 말해야 한다. "이번에는 우리가 이렇게 가는 게 맞다"고.

이 순간이 바로 사람이 나서는 순간이다. 데이터와 추천이 아니라, 맥락과 책임을 근거로 방향을 정하는 시간이다. 이 판단은 언제나 조금 불안하다. 명확한 정답이 없고, 나중에 결과로 평가받을 가능성이 있기 때문이다. 그래서 이 판단은 시스템의 추천보다 훨씬 무겁게 느껴진다.

조직 안에서는 이런 순간을 경험한 사람들이 비슷한 말을 한다. "그때는 AI가 아니라 사람이 할 수밖에 없었다." 이 말은 기술을 부정하는 의미가 아니다. 오히려 기술이 잘 작동하고 있기 때문에, 어디까지 맡길 수 있는지가 더 분명해진다는 뜻이다. 시스템이 멈춘 자리에 사람이 들어가는 구조가 자연스럽게 형성된다.

이 과정이 반복되면, 사람들은 점점 이런 순간을 예감하게 된다. 추천이 나와도, 어디선가 설명되지 않는 찜찜함이 느껴질 때가 있다. 바로 그때가 사람의 판단이 필요한 시점이다. 이 기준은 매뉴얼로 정리되기 어렵지만, 경험을 통해 공유된다.

결국 사람이 나서야 하는 순간은, 일이 막혔을 때가 아니라 일이 너무 잘 돌아갈 때 나타나는 경우가 많다. 모든 것이 자동으로 흘러가고 있는데도, 한 번 더 생각해야 할 이유가 떠오르는 순간이다. AI는 그 이유를 말해 주지 않지만, 사람은 그 이유를 감지한다.

AI 시대의 결정은 이렇게 이루어진다. 대부분의 시간에는 시스템이 앞에서 길을 열어 주지만, 아주 중요한 순간에는 사람이 그 길의 방향을 다시 잡는다. 그리고 그 순간이 언제인지 알아차리는 능력 자체가, 이제는 중요한 업무 역량이 되었다. 자동화된 환경에서 결정이 어려워진 이유는, 바로 이 책임 있는 개입의 순간을 피할 수 없게 되었기 때문이다.

이런 순간은 대개 공식적인 절차로 기록되지 않는다. 회의록에도, 시스템 로그에도 분명하게 남지 않는다. 대신 사람들의 기억 속에 남는다. "그때 우리가 한 번 더 멈췄던 이유"처럼, 말로 설명하기는 어렵지만 모두가 어렴풋이 공유하는 경험으로 축적된다. 이 경험이 쌓일수록, 조직 안에는 보이지 않는 기준이 만들어진다.

이 기준은 규칙처럼 명문화되지 않지만, 행동에는 분명한 영향을 준다. 비슷한 상황이 다시 나타났을 때, 사람들은 이전의 그 순간을 떠올린다. "전에 이런 경우가 있었지.", "그때는 사람이 판단했어." 이렇게 과거의 판단이 현재의 판단을 조용히 이끈다. AI가 제공하지 않는 것은 바로 이런 기억의 층위다.

이때 사람의 역할은 단순히 결정을 내리는 데서 끝나지 않는다. 그 결정이 조직 안에서 어떻게 받아들여질지를 함께 떠안는다. 추천을 벗어난 선택일수록, 설명은 더 조심스러워지고, 말의 톤도 달라진다. 확신에 찬 선언보다는, 맥락을 공유하는 방식으로 이야기가 이어진다. 판단은 명령이 아니라 설득에 가까워진다.

이 과정에서 판단을 내리는 사람은 자연스럽게 부담을 느낀다. 시스템을 따르면 분산되던 책임이, 사람의 개입과 함께 다시 한 지점으로 모이기 때문이다. "왜 그때 그렇게 판단했는지"를 설명해야 할 가능성이 머릿속에 스친다. 그래서 이 역할은 누구에게나 쉽지 않다. 경험이 쌓일수록 더 조심스러워지기도 한다.

흥미로운 점은, 이런 판단의 순간이 잦아질수록 사람들은 기술을 덜 신뢰하는 것이 아니라, 오히려 더 정확하게 신뢰하게 된다는 것이다. AI가 잘하는 영역과 그렇지 않은 영역이 또렷해지기 때문이다. 시스템이 멈추는 지점이 명확해질수록, 사람의 개입은 예외가 아니라 구조의 일부가 된다.

조직 안에서는 점점 이런 질문이 중요해진다. "이건 시스템에 맡겨도 되는 판단인가, 아니면 우리가 책임져야 하는 판단인가." 이 질문은 기술 선택의 문제가 아니라, 역할 분담의 문제다. 어디까지 자동화하고, 어디부터 사람이 나설 것인지를 계속해서 조정하는 과정이다.

이때 중요한 것은, 사람이 나서는 순간을 특별한 사건으로 만들지 않는 것이다. 위기 상황에서만 사람이 개입하는 구조가 아니라, 일상 속에서도 자연스럽게 개입할 수 있는 여지를 남겨 두는 것이다. 그래야 판단의 부담이 특정 순간에 과도하게 집중되지 않는다.

사람이 나서는 순간이 드물어질수록, 그 한 번의 판단은 더 무거워진다. 반대로 이런 순간이 일정하게 반복되면, 판단은 경험으로 축적된다. 경험이 쌓이면, 사람들은 자신이 언제 나서야 하는지에 대한 감각을 조금씩 갖게 된다. 이 감각은 숫자로 설명되지 않지만, 조직의 안정성을 지탱하는 중요한 요소가 된다.

이 역할은 특정 직급이나 특정 직무에만 한정되지 않는다. 현장을 아는 실무자, 흐름을 보는 관리자, 맥락을 읽는 기획자 모두 각자의 위치에서 사람이 나서야 하는 순간을 마주한다. 중요한 것은 누가 판단하느냐보다, 그 판단이 어떤 근거 위에 서 있느냐다.

그래서 AI 시대에 사람의 역할은 줄어들기보다 형태를 바꾼다. 반복적인 선택은 시스템에 맡기고, 의미 있는 선택은 사람이 맡는다. 이 구분이 명확해질수록, 사람의 판단은 더 드물어지지만 동시에 더 중요해진다.

결국 사람이 나서야 하는 순간은, 기술이 실패했을 때가 아니라 기술이 충분히 작동하고 있음에도 불구하고 설명되지 않는 여지가 남아 있을 때 찾아온다. 그 여지를 감지하고, 그 여지에 책임을 지는 것이 사람의 역할이다.

AI 시대의 일은 사람과 기술이 번갈아 가며 주도권을 잡는 구조가 아니다. 대부분의 시간에는 기술이 앞에서 길을 닦고, 아주 중요한 지점에서 사람이 방향을 정한다. 그리고 그 방향을 정하는 능력, 즉 언제 개입해야 하는지를 아는 감각이 이제는 중요한 일의 역량이 되었다.

이 변화는 단기간에 학습되지 않는다. 매뉴얼로 정리되기보다는, 반복되는 장면 속에서 조금씩 몸에 배어 간다. 그래서 AI 시대의 경험은 기술 숙련보다, 판단 경험의 축적과 더 깊이 연결된다.

자동화된 환경에서 일이 어려워진 이유는, 사람이 할 일이 사라져서가 아니다. 사람이 나서야 하는 순간을 피할 수 없게 되었기 때문이다. 그리고 그 순간을 어떻게 받아들이느냐에 따라, 일은 부담이 될 수도 있고, 책임 있는 선택의 장이 될 수도 있다.

08

합의는 쉬워졌는데,
결정은 더 무거워졌다

AI가 업무에 깊이 들어온 조직에서 가장 눈에 띄게 달라진 장면 중 하나는 회의 분위기다. 예전처럼 의견이 첨예하게 부딪히는 장면은 줄어들었다. 자료는 이미 정리되어 있고, 선택지는 비교표로 나열돼 있으며, 추천 방향도 꽤 설득력 있게 제시된다. 그래서 회의는 빨리 끝난다. 모두가 고개를 끄덕이고, "이 방향이 무난하겠네요"라는 말이 자연스럽게 나온다.

겉으로 보면 합의는 훨씬 쉬워졌다. 누구의 감이나 주장에 의존하지 않아도 되고, 데이터와 추천이 공통의 기준이 되어 준다. 그래서 반대 의견을 내는 사람이 줄어든다. 굳이 문제를 만들 필요가 없어 보이기 때문이다. 이 시점까지는 모두가 편안하다. 그런데 이상하게도, 회의가 끝난 뒤 진짜 결정의 순간이 다가오면 분위기가 달라진다.

합의는 되었는데, 정작 "그럼 이대로 실행합시다"라는 말이 쉽게 나오지 않는다. 다들 이미 같은 방향을 보고 있는데도, 마지막 문장을 누군가 말해 주기를 기다린다. 서류에 사인을 하거나, 승인 버튼을 누르거나, 외부에 공식적으로 알리는 단계에서 잠깐의 정적이 생긴다. 이 짧은 멈춤이 반복된다.

이 장면을 잘 들여다보면, 합의와 결정이 더 이상 같은 일이 아니라는 사실이 드러난다. 합의는 추천과 데이터 위에서 자연스럽게 만들어졌지만, 결정은 그 합의를 실제 행동으로 옮기는 순간이다. 이때부터 책임의 무게가 달라진다. 모두가 동의했다는 사실과, 누군가가 결정을 내렸다는 사실은 조직 안에서 전혀 다르게 기록된다.

AI가 제공한 추천은 합의를 쉽게 만든다. 왜냐하면 추천은 개인의 의견이 아니라 시스템의 결과처럼 보이기 때문이다. 그래서 "다들 괜찮다고 하니 이걸로 가죠"라는 말이 자연스럽다. 하지만 결정은 다르다. 결정은 언제나 주어가 필요하다. 누가 이 방향으로 가자고 했는지, 누가 이 선택을 실행에 옮겼는지가 남는다. 합의는 익명에 가깝지만, 결정은 그렇지 않다.

이 장면을 두고 흔히 이렇게 정리할 수 있다. AI는 합의를 부드럽게 만들어 주지만, 결정을 대신 내려주지는 않는다. 시스템은 모두가 고개를 끄덕이게 만들 수는 있지만, 그 고개 끄덕임을 행동으로 바꾸는 마지막 한 걸음은 여전히 사람의 몫이다.

그래서 자동화된 환경에서는 이런 묘한 풍경이 생긴다. 회의는 빨라졌는데, 실행은 늦어진다. 토론은 줄었는데, 승인 단계에서 시간이 늘어난다. 모두가 같은 방향을 보고 있지만, 누군가 앞에 서서 "이렇게 갑시다"라고 말하는 순간은 점점 무거워진다.

이때 사람들 마음속에는 비슷한 계산이 오간다. "이건 모두가 동의한 방향이긴 한데, 문제가 생기면 누가 설명해야 할까.", "추천을 따랐다는 말로 충분할까.", "그래도 최종 결정자는 필요하지 않을까." 이 질문들은 겉으로 드러나지 않지만, 결정의 순간을 붙잡는다.

특히 AI 추천이 정확할수록 이 부담은 더 커진다. 추천이 틀릴 가능성이 낮아 보일수록, 그 추천을 따르지 않았을 때의 설명이 더 어려워지기 때문이다. 반대로 추천을 따랐을 때도, 결과가 기대와 다르면 "왜 그대로 따랐는지"를 설명해야 할 것 같은 압박이 생긴다. 어느 쪽이든 결정의 무게는 가볍지 않다.

이 구조가 반복되면, 조직 안에서는 결정의 방식이 조금씩 바뀐다. 예전에는 회의에서 결론이 나면 자연스럽게 실행으로 이어졌다면, 지금은 합의와 결정 사이에 보이지 않는 간격이 생긴다. 그 간격을 메우기 위해 추가 확인, 추가 보고, 추가 합의가 붙는다. 모두가 동의했는데도, 다시 한 번 확인하는 과정이 생긴다.

아이러니하게도, 이 모든 과정은 책임을 줄이기 위해 만들어진다. 결정이 개인의 판단처럼 보이지 않도록, 최대한 많은 사람의 동의와 시스템의 추천을 겹쳐 놓는다. 하지만 이렇게 겹칠수록, 결정의 순간은 더 무거워진다. 왜냐하면 이제 그 결정은 단순한 선택이 아니라, 구조 전체를 대표하는 행동이 되기 때문이다.

그래서 요즘 조직에서는 이런 말이 자연스럽게 나온다. "방향은 다들 알겠는데, 마지막으로 누가 정리해 줄 사람이 필요하다." 이 말 속에는 합의가 부족하다는 의미가 없다. 오히려 합의는 이미 충분하다는 뜻이다. 문제는 그 합의를 "결정"이라는 형태로 고정시키는 순간이 부담스러워졌다는 데 있다.

자동화된 환경에서 합의는 쉬워졌다. 하지만 결정은 더 이상 개인의 용기나 직감만으로 처리할 수 있는 일이 아니다. 데이터, 추천, 동의, 기록이 모두 얽힌 상태에서 내려지는 선택이기 때문이다. 그래서 결정은 줄어들지 않았지만, 그 무게는 분명히 달라졌다.

이 변화는 특정 조직의 문제가 아니다. AI가 합의를 도와주는 모든 환경에서 비슷하게 나타난다. 합의가 쉬워질수록, 결정은 더 또렷한 책임의 형태로 남는다. 그리고 이 무게를 어떻게 감당할 것인지가, 이제 조직과 개인 모두에게 새로운 과제가 되었다.

이 간격이 길어질수록, 회의의 성격도 조금씩 변한다. 회의는 결론을 내리기 위한 자리가 아니라, 결론을 미루기 위한 장치처럼 작동한다. 모두가 동의했다는 사실을 여러 번 확인하지만, 그 동의가 곧바로 행동으로 이어지지는 않는다. 합의는 기록으로 남지만, 결정은 유예된다.

이때 조직 안에서는 묘한 역할 분담이 생긴다. 합의에는 모두가 참여하지만, 결정은 특정 사람의 몫으로 남는다. 자연스럽게 시선이 한 방향으로 모인다. 직급이 높거나, 책임을 오래 맡아온 사람이 마지막 말을 해 주기를 기다린다. "이 정도면 가도 되지 않겠습니까"라는 질문이 조심스럽게 던져진다.

이 질문은 의견을 묻는 것처럼 보이지만, 실제로는 결정을 요청하는 신호에 가깝다. 이미 합의는 끝났기 때문이다. 남아 있는 것은 책임을 누가 감당할 것인가다. 그래서 이 질문을 받은 사람은 잠시 말을 고른다. 모두가 고개를 끄덕였다는 사실이 오히려 부담으로 작용한다.

이 순간, 결정은 개인의 판단이 아니라 조직 전체를 대표하는 행위가 된다. "내가 그렇게 생각한다"는 말로는 부족하고, "이 조직이 이렇게 가기로 했다"는 선언이 필요해진다. 그래서 결정의 언어는 점점 조심스러워지고, 단정적인 표현은 사라진다. 확신보다는 맥락이, 결론보다는 설명이 앞선다.

이런 환경에서는 결정권을 가진 사람일수록 더 고립된 느낌을 받는다. 모두가 동의했지만, 사인을 하는 손은 하나다. 승인 버튼을 누르는 계정도 하나다. 이 불균형은 결정의 무게를 더 키운다. 합의가 많을수록, 그 합의를 떠안는 사람의 부담은 줄어들지 않는다.

조직은 이 부담을 줄이기 위해 다양한 장치를 만든다. 결재 단계를 늘리고, 공동 승인 구조를 만들고, 시스템 로그를 남긴다. 결정이 개인의 선택처럼 보이지 않도록 구조를 설계한다. 하지만 이런 장치들은 결정의 무게를 없애기보다는, 그 무게를 더 또렷하게 만든다. 결정이 더 많은 흔적을 남기기 때문이다.

이 과정에서 결정의 속도는 자연스럽게 느려진다. 합의는 이미 끝났지만, 결정은 준비가 필요하다. 설명할 문장을 다듬고, 혹시 모를 질문을 예상하고, 책임의 범위를 가늠한다. 결정은 더 이상 순간적인 행위가 아니라, 하나의 과정이 된다.

흥미로운 점은, 이런 변화가 갈등을 줄이면서도 긴장을 없애지는 않는다는 것이다. 겉으로는 모두가 동의하고, 회의는 조용해졌지만, 결정의 순간에는 여전히 긴장이 흐른다. 논쟁은 사라졌지만, 침묵의 무게는 남아 있다. 합의가 갈등을 대체했을 뿐, 책임의 문제를 해결해 주지는 않는다.

이때 사람들은 합의와 결정을 혼동하기 쉽다. "이미 다들 동의했으니 문제없다"는 말이 나오지만, 막상 문제가 생기면 질문은 다시 돌아온다. "누가 이걸 결정했는지." 합의의 과정은 공유되지만, 결정의 주체는 다시 특정된다. 이 차이가 결정의 부담을 더 크게 만든다.

이 구조가 반복되면, 조직 안에서는 결정 자체가 귀해진다. 쉽게 결정하지 않는 것이 신중함으로 받아들여지고, 결정을 미루는 태도가 책임감처럼 보이기도 한다. 반대로 빠르게 결정하는 사람은 성급해 보일 위험을 감수해야 한다. 그래서 결정은 점점 드물어지고, 더 무거운 의미를 갖게 된다.

이 변화는 리더십의 모습도 바꾼다. 예전에는 방향을 제시하는 사람이 리더로 인식됐다면, 지금은 합의를 정리하고 결정의 순간을 대신 감당해 주는 사람이 리더로 보인다. 결정을 잘 내리는 능력보다, 결정을 대신 짊어질 수 있는 태도가 더 중요해진다.

그래서 요즘 조직에서는 결정이 능력의 문제가 아니라, 감내의 문제로 느껴진다. 이 선택을 내가 떠안아도 되는가, 이 결과를 내가 대표해도 되는가를 묻게 된다. AI가 합의를 도와줄수록, 이런 질문은 더 자주 등장한다.

결국 합의가 쉬워졌다는 말은, 모두가 같은 방향을 보고 있다는 뜻일 뿐이다. 그 방향으로 실제로 움직이기 위해서는 여전히 누군가의 결단이 필요하다. 그리고 그 결단은 데이터나 추천이 아니라, 책임을 감당하겠다는 의지에서 나온다.

AI 시대의 결정은 그래서 더 무겁다. 합의는 시스템이 만들어 주지만, 결정은 사람이 짊어진다. 이 구조를 이해하지 못하면, 조직은 계속 합의만 반복하고 결정은 미루게 된다. 반대로 이 구조를 인식하는 순간, 결정의 방식도 조금씩 달라질 수 있다.

합의와 결정이 다르다는 사실을 받아들이는 것, 그리고 결정의 무게를 특정 개인에게만 몰아주지 않는 구조를 만드는 것. 이것이 자동화된 환경에서 조직이 새롭게 고민해야 할 지점이다. 합의가 쉬워진 시대일수록, 결정의 의미를 다시 정의해야 하는 이유가 여기에 있다.

09

AI가 대신해주지
못하는 선택의 순간들

AI가 일상 업무에 깊숙이 들어온 조직에서는 많은 선택이 자연스럽게 자동화된다. 일정 조정, 우선순위 정리, 자료 구성 같은 일들은 시스템이 먼저 제안하고, 사람은 그 흐름을 따라가기만 하면 된다. 그래서 대부분의 시간에는 선택이 필요 없어 보인다. 이미 정리된 길 위를 걷고 있는 느낌이다.

그런데 어느 순간, 그 길이 갑자기 끊긴 것처럼 느껴지는 장면이 나타난다. 추천은 나와 있는데, 그대로 따르기에는 마음이 걸린다. 그렇다고 다른 선택지를 제시하기에도 근거가 부족하다. 화면에는 선택지가 분명히 떠 있지만, 그 선택이 지금 이 상황에 정말 맞는지는 확신하기 어렵다. 이때 사람들은 본능적으로 멈춘다.

예를 들어, 시스템은 과거의 기준과 수치를 바탕으로 가장 효율적인 방향을 제시한다. 비용도 적고, 일정도 무리 없다. 하지만 지금의 상황에는 숫자로 설명되지 않는 요소가 하나 끼어 있다. 팀의 상태,

외부의 미묘한 변화, 아직 데이터로 잡히지 않은 분위기 같은 것들이다. AI는 이 요소들을 계산하지 않는다. 계산할 수 없기 때문이다.

이 지점에서 선택은 갑자기 성격이 바뀐다. 추천을 따르는 행위는 더 이상 "합리적인 선택"처럼만 느껴지지 않는다. 동시에 추천을 벗어나는 선택 역시 쉽게 할 수 없다. 왜냐하면 그 선택에는 설명이 필요하고, 설명에는 책임이 따라오기 때문이다. 그래서 사람들은 잠시 멈춘 채, 서로의 눈치를 본다.

강의하듯 이 장면을 풀어보면, 여기서 중요한 포인트는 "AI가 못하는 일"이 아니라 "AI가 멈추는 방식"이다. 시스템은 명확한 기준이 있는 영역에서는 빠르게 답을 내놓는다. 하지만 기준이 모호해지는 순간, 더 이상 나아가지 않는다. 대신 이전 패턴에 가장 가까운 답을 반복해서 제시한다. 이 반복이 바로 사람을 고민하게 만든다.

이때 사람들은 깨닫는다. 지금 필요한 것은 더 많은 정보가 아니라, 판단의 방향이라는 것을. 하지만 그 방향은 화면 속에 없다. 문서에도 없고, 추천 리스트에도 없다. 결국 누군가가 말해야 한다. "이번에는 이렇게 가보자"고. 이 말은 데이터로 증명되지 않기 때문에 더 조심스럽다.

이 선택의 순간은 보통 조용히 지나간다. 드라마틱한 충돌도 없고, 큰 회의도 열리지 않는다. 오히려 모두가 알고 있지만 아무도 먼저 말하지 않는 상태가 길어진다. 이 침묵이 바로 AI가 대신해주지 못하는 구간이다. 기술이 부족해서가 아니라, 책임을 나눌 수 없기 때문에 생기는 침묵이다.

조직 안에서는 이런 순간이 반복될수록 묘한 긴장이 쌓인다. "여기까지는 시스템이 해줬는데, 그 다음은 누가 해야 하지." 이 질문은 매뉴얼로 정리되지 않는다. 그래서 매번 사람의 감각과 경험에 의존하게 된다. 그리고 이 의존이 커질수록, 선택은 더 무거워진다.

흥미로운 점은, 이 선택의 순간이 항상 큰 결정에서만 나타나지 않는다는 것이다. 오히려 일상적인 업무에서 더 자주 발생한다. 메일 한 통, 일정 하나, 문구 하나를 정하는 과정에서조차 "이건 시스템이 정해준 대로 가도 될까"라는 고민이 생긴다. 사소해 보이는 선택일수록, 설명되지 않는 찜찜함이 더 크게 느껴진다.

AI는 선택지를 줄여주지만, 선택의 의미까지 대신 만들어주지는 않는다. 어떤 선택이 옳은지 보다, 왜 그 선택을 했는지가 중요해지는 순간이 있다. 이때 사람들은 다시 판단의 자리로 돌아온다. 숫자가 아니라 맥락을 보고, 추천이 아니라 상황을 읽어야 한다는 것을 체감한다.

이 과정에서 사람들은 종종 스스로를 의심한다. "괜히 복잡하게 생각하는 건 아닐까." 하지만 대부분의 경우, 이 망설임은 과잉이 아니다. AI가 닿지 않는 영역이 실제로 존재하기 때문이다. 그 영역은 늘 예외적이고, 불완전하며, 나중에야 의미가 드러난다.

그래서 AI가 대신해주지 못하는 선택의 순간은, 일이 막힐 때가 아니라 일이 너무 매끄럽게 흘러갈 때 나타난다. 모든 것이 준비된 것처럼 보이는데도, 마지막 한 걸음이 떨어지지 않는 순간이다. 이때 필요한 것은 더 정확한 추천이 아니라, 누군가의 판단이다.

자동화된 환경에서 결정이 어려워진 이유는, 선택이 사라졌기 때문이 아니다. 오히려 선택의 본질이 더 또렷해졌기 때문이다. AI가 할 수 없는 선택은 언제나 남는다. 그리고 그 선택을 누가, 어떤 기준으로 할 것인지는 여전히 사람의 몫으로 남아 있다. 이 지점에서 결정은 기술의 문제가 아니라, 인간의 역할로 다시 돌아온다.

이 선택의 순간에서 사람들은 자신이 무엇을 근거로 판단하고 있는지 스스로에게 묻게 된다. 데이터도 아니고, 추천도 아니며, 명확한 규칙도 아니다. 대신 경험에서 쌓인 감각, 이전에 겪었던 비슷한 장면, 그리고 말로 설명하기 어려운 분위기가 판단의 재료가 된다. 이 재료들은 정리되어 있지 않기 때문에 더 부담스럽다. 하지간 바로 그 점이 사람의 판단을 필요하게 만든다.

이때 사람들은 종종 이런 말을 한다. "왠지 이건 아닌 것 같다." 이 말은 모호하게 들리지만, 곁코 즉흥적인 반응은 아니다. 오히려 그동안의 경험이 한꺼번에 압축된 판단에 가깝다. AI는 과거의 데이터를 바탕으로 선택지를 제시하지만, 사람은 기록으로 남지 않았던 장면들까지 함께 떠올린다. 실패로 이어졌던 미묘한 징후들, 수치에는 드러나지 않았지만 결과를 바꿔 놓았던 작은 변수들이 이 판단 속에 함께 섞여 있다.

문제는 이 판단이 공유되기 어렵다는 점이다. 데이터는 보여줄 수 있지만, 판단은 설명하기 어렵다. 그래서 선택의 순간에 말을 꺼내는 사람은 늘 조심스러워진다. 근거를 요구받을 것을 알기 때문이다. 이때 판단은 설득의 문제가 아니라, 신뢰의 문제가 된다. 이 사람이 지금 이 상황을 제대로 보고 있는지에 대한 믿음이 필요해진다.

조직 안에서는 이런 판단을 자주 경험한 사람에게 자연스럽게 역할이 쏠린다. 직급 때문이 아니라, 이전에 비슷한 순간을 지나왔기 때문이다. 이 사람들은 공식적인 결정권자가 아니더라도, 선택의 순간에 조용히 의견을 낸다. "이건 한 번 더 생각해 보는 게 좋겠다"라는 말 한마디가 방향을 바꾸기도 한다.

이렇게 사람이 개입한 선택은 대부분 기록으로 남지 않는다. 회의록에는 정제된 결론만 적히고, 판단의 망설임은 생략된다. 하지만 조직의 기억 속에는 남는다. "그때 그 선택이 결국 맞았지" 혹은 "그때 한 번 더 멈췄던 게 다행이었어" 같은 말로 회상된다. AI는 이런 기억을 축적하지 않는다. 이 기억은 오직 사람 사이에서만 전해진다.

이 선택의 경험이 쌓이면, 사람들은 점점 자신이 언제 개입해야 하는지를 스스로 알아차리게 된다. 모든 추천을 의심하지는 않지만, 특정한 조건이 겹칠 때는 자동으로 멈춘다. 숫자는 맞는데 상황이 낯설때, 추천은 명확한데 설명이 떠오르지 않을 때, 모두가 고개를 끄덕이는데도 마음이 불편할 때다. 이때가 바로 AI가 대신해주지 못하는 선택의 순간이다.

흥미로운 점은, 이런 순간이 반복될수록 사람들은 기술을 더 신중하게 신뢰하게 된다는 것이다. 무작정 따르지도 않고, 무조건 거부하지도 않는다. AI의 강점을 인정하면서도, 그 한계를 감각적으로 인식한다. 이 균형은 교육으로 만들어지기보다, 경험을 통해 형성된다.

이 선택의 순간은 사람에게 피로를 주기도 한다. 자동화된 환경에서는 판단의 빈도가 줄어들 것 같지만, 실제로는 판단의 밀도가 높아진다. 선택 하나하나가 더 의미를 갖기 때문이다. 그래서 사람들은 판단을 미루기도 하고, 서로에게 떠넘기고 싶은 마음을 느끼기도 한다. 하지만 결국 누군가는 선택해야 한다.

이때 중요한 것은, 이 선택을 완벽하게 하려 하지 않는 것이다. AI가 대신해주지 못하는 선택에는 언제나 불완전함이 따른다. 나중에 결과를 보고서야 옳았는지 알 수 있는 선택도 많다. 그래서 이 순간의 판단은 정답을 고르는 일이 아니라, 책임을 감당할 방향을 정하는 일에 가깝다.

조직이 이 사실을 받아들이지 못하면, 선택은 계속 미뤄진다. 더 많은 데이터를 기다리고, 더 나은 추천을 기대하지만, 그 순간은 오지 않는다. 왜냐하면 그 선택은 애초에 데이터로 해결될 수 없는 영역이기 때문이다. 기다릴수록 부담만 커진다.

반대로 이 선택의 성격을 이해하는 조직에서는, 사람이 나서는 순간을 존중한다. 그 판단이 틀릴 가능성도 함께 받아들인다. 선택의 결과보다, 선택을 했다는 사실 자체를 하나의 역할로 인정한다. 이때 사람들은 판단의 순간을 피하기보다, 감당할 수 있게 된다.

결국 AI가 대신해주지 못하는 선택의 순간은, 기술의 한계를 보여주는 장면이 아니라 인간의 역할을 다시 드러내는 장면이다. 자동화가 깊어질수록, 이런 순간은 사라지지 않는다. 오히려 더 또렷해진다. 그리고 이 순간을 어떻게 대하느냐가, AI 시대에 일하는 방식의 핵심이 된다.

선택은 줄어들지 않았다. 대신 선택의 의미가 바뀌었다. AI가 해줄 수 없는 선택은 언제나 남고, 그 선택은 사람에게 돌아온다. 이때 필요한 것은 더 많은 정보가 아니라, 그 선택을 감당할 수 있는 태도다. 이 태도가 바로 AI 시대에 사람이 끝까지 맡아야 할 일의 출발점이 된다.

10

AI 이후, 우리는
어떤 기준으로 일하고 있는가

AI가 업무에 자리 잡은 이후, 사람들은 종종 이런 말을 한다. "이제는 기준이 바뀐 것 같다." 예전에도 기준은 있었다. 빠르게 처리하는 것, 실수를 줄이는 것, 일정에 맞추는 것 같은 비교적 명확한 잣대들이었다. 하지만 지금은 그 기준들이 여전히 중요하면서도, 동시에 어딘가 부족하게 느껴진다. 일을 잘하고 있는지 스스로 확신하기가 점점 어려워진다.

어느 회사에서나 비슷한 장면이 반복된다. 시스템은 필요한 정보를 충분히 제공하고, 추천도 명확하다. 일정과 비용, 리스크까지 비교된 상태다. 그래서 표면적으로 보면 기준은 더 분명해진 것처럼 보인다. 그런데 실제로 일을 하는 사람들의 표정은 예전보다 더 조심스럽다. 무엇을 선택해야 하는지는 보이는데, 왜 그 선택을 해야 하는지는 각자 다르게 느끼기 때문이다.

예를 들어, AI가 제시한 방향은 효율적이다. 숫자로 보면 문제도 없다. 하지만 그 선택이 조직 내부에 어떤 파장을 남길지는 데이터로 설명되지 않는다. 지금 이 선택이 사람들에게 어떤 부담을 주는지, 이후의 일 흐름을 어떻게 바꿀지는 추천 화면 밖에 있다. 그래서 사람들은 단순히 "가장 좋은 선택"이 아니라 "지금 우리가 감당할 수 있는 선택"을 고민하게 된다.

이 지점에서 기준은 자연스럽게 이동한다. 이전에는 결과 중심이었다면, 이제는 과정이 함께 고려된다. 결과가 좋을 것 같다는 이유만으로는 부족하고, 그 결과에 이르는 과정이 설명 가능한지도 중요해진다. AI 이후의 기준은 성과 하나로 고정되지 않는다. 판단의 맥락과 설명 가능성이 함께 따라붙는다.

이 흐름을 차분히 따라가 보면, 지금 많은 조직에서 실제로 작동하는 기준은 문서에 적힌 KPI가 아니다. 대신 사람들은 행동에 앞서 몇 가지 질문을 먼저 떠올린다. "이 선택을 나중에 설명할 수 있을까.", "문제가 생겼을 때 납득 가능한 판단이었을까.", "이 결정이 혼자만의 판단처럼 보이지는 않을까." 이런 질문들에 어떻게 답할 수 있는지가, 실제로 움직일지 멈출지를 가른다. 숫자보다 설명 가능성이 먼저 떠오르고, 성과보다 책임의 경계가 행동을 조절한다.

그래서 같은 추천을 받아도, 어떤 팀은 바로 실행하고 어떤 팀은 한 번 더 멈춘다. 기준이 다르기 때문이다. 기술적인 조건은 같아도, 조직이 중요하게 여기는 기준의 무게 중심은 조금씩 다르다. 어떤 곳은 여전히 속도를 우선하고, 어떤 곳은 안정성을, 또 어떤 곳은 책임 분산을 더 중요하게 여긴다. AI는 기준을 통일해 주지 않는다. 오히려 기준의 차이를 더 선명하게 드러낸다.

이 변화 속에서 사람들은 종종 혼란을 느낀다. "예전에는 잘하던 방식이 왜 지금은 불안하게 느껴질까." 그 이유는 능력이 떨어져서가 아니다. 기준이 늘어났기 때문이다. 하나의 기준으로 판단하던 일이, 여러 기준을 동시에 만족해야 하는 일이 되었다. 효율, 정확성, 설명 가능성, 조직 내 파장까지 함께 고려해야 한다.

이렇게 기준이 복합적으로 얽히면, 결정은 자연스럽게 느려진다. 무엇이 옳은지보다, 무엇이 더 안전한지를 먼저 따지게 된다. 그리고 이 안전함은 단순히 실수를 피하는 차원이 아니라, 관계와 책임을 함께 고려하는 감각으로 확장된다. AI 이후의 일은 더 논리적이지만, 동시에 더 인간적인 부담을 안고 있다.

흥미로운 점은, 이 새로운 기준이 공식적으로 선언된 적은 거의 없다는 것이다. 누구도 "이제부터 우리는 이렇게 일한다"고 명확히 말하지 않았다. 하지만 사람들은 이미 그 기준에 맞춰 움직이고 있다. 추천을 그대로 따르지 않는 이유, 한 번 더 확인하는 습관, 결정을 미루는 장면들이 모두 이 기준 변화의 결과다.

결국 AI 이후 우리가 일할 때 사용하는 기준은 완전히 새롭다기보다, 겹쳐진 기준에 가깝다. 예전의 기준 위에 새로운 판단 기준이 덧붙여졌다. 그래서 일은 더 정교해졌지만, 동시에 더 복잡해졌다. 무엇을 선택하느냐보다, 어떤 기준으로 선택했느냐가 더 중요해진다.

이 흐름은 특정 산업이나 조직에 국한되지 않는다. 자동화와 추천이 일상이 된 환경이라면 어디서든 비슷하게 나타난다. AI는 일을 대신해 주었지만, 기준까지 대신 정해주지는 않았다. 오히려 기준을 선택하는 책임이 더 분명하게 사람에게 돌아왔다.

그래서 AI 이후의 일은 이렇게 요약할 수 있다. 우리는 더 많은 기준 위에서 일하고 있다. 그리고 그 기준들을 어떻게 조합할 것인지는 여전히 사람의 판단에 달려 있다. 자동화된 환경에서 결정이 어려워진 이유는, 기준이 사라졌기 때문이 아니라 기준이 늘어났기 때문이다. 이 새로운 기준 위에서 일하는 감각을 익히는 것, 그것이 지금 우리가 겪고 있는 가장 큰 변화다.

이 기준의 변화는 사람의 일하는 태도에도 미묘한 흔적을 남긴다. 일을 시작할 때부터 "이게 맞는 선택일까"를 먼저 떠올린다. 과거에는 일을 하면서 기준을 점검했다면, 이제는 기준을 먼저 떠올리고 일을 시작한다. 기준이 출발점으로 이동한 셈이다. 이 변화는 일의 속도를 늦추기도 하지만, 동시에 선택의 방향을 더 신중하게 만든다.

이때 많은 사람들이 스스로를 평가하는 방식도 달라진다. 예전에는 결과를 기준으로 하루를 돌아봤다면, 지금은 판단의 과정이 먼저 떠오른다. "오늘 나는 어떤 선택을 했나.", "그 선택은 설명 가능한 선택이었나." 이런 질문들이 성과보다 앞선다. 일이 잘 끝났는지보다, 기준에 어긋나지는 않았는지가 더 오래 남는다.

이 기준은 상사나 조직이 직접 요구하지 않아도 작동한다. 오히려 내부에서 먼저 작동한다. 누가 지켜보지 않아도, 사람들은 스스로 기준을 적용한다. "이 선택이 나중에 문제가 되지는 않을까.", "이 기준으로 봤을 때 너무 가볍지는 않을까." 이런 자기 점검이 일상화된다. 기준은 외부의 규칙이 아니라, 내부의 필터가 된다.

조직 차원에서도 비슷한 변화가 나타난다. 평가 기준은 여전히 숫자로 남아 있지만, 실제 평가는 그 숫자만으로 이루어지지 않는다. 결과가 좋았더라도 과정이 불안하면 평가가 조심스러워지고, 결과가 아주 뛰어나지 않더라도 기준을 잘 지킨 선택은 이해받는다. 공식 기준과 실제 기준 사이에 간극이 생긴다.

이 간극은 사람들을 더 조심스럽게 만든다. 무엇을 하면 좋은지보다, 무엇을 하면 문제 될 수 있는지를 먼저 생각하게 된다. 기준이 늘어났다는 것은, 허용 범위가 넓어졌다는 뜻이 아니라 고려해야 할 요소가 많아졌다는 뜻이다. 그래서 사람들은 점점 더 많은 기준을 동시에 만족시키려 한다.

이 과정에서 기준은 종종 충돌한다. 효율적으로 처리하는 것이 기준일 때도 있고, 관계를 해치지 않는 것이 기준일 때도 있다. 설명 가능성이 중요할 때도 있고, 속도가 우선일 때도 있다. AI 이후의 기준은 하나로 정렬되지 않는다. 상황마다 우선순위가 바뀐다. 그리고 그 우선순위를 정하는 일 자체가 사람의 역할이 된다.

이 때문에 AI 이후의 일은 명확한 정답보다 균형에 가까워진다. 어느 하나의 기준을 극단적으로 따르기보다, 여러 기준 사이에서 무게중심을 조정한다. 이 조정 과정은 매번 다르고, 매번 새롭다. 그래서 경험이 중요해진다. 같은 기준을 반복 적용하는 능력보다, 상황에 맞게 기준을 조합하는 감각이 필요해진다.

이 기준 변화는 리더십의 모습도 바꾼다. 예전에는 명확한 기준을 제시하는 사람이 리더로 보였다면, 지금은 기준 사이의 충돌을 감당해 주는 사람이 리더로 보인다. "이건 효율적으로는 맞지만, 지금은 이 기준을 우선하자"라고 말해줄 수 있는 사람이 필요해진다. 기준을 정해주는 사람이 아니라, 기준을 선택해 주는 사람이 중요해진다.

개인에게도 이 변화는 부담으로 다가온다. 기준이 늘어났다는 것은, 판단의 책임이 더 세분화되었다는 뜻이기도 하다. 무엇을 잘못했는지보다, 어떤 기준을 선택했는지가 질문이 된다. 그래서 사람들은 선택 이후보다 선택 이전에 더 많은 에너지를 쓴다.

흥미로운 점은, 이 기준이 완전히 안정된 상태로 자리 잡지 않는다는 것이다. 기술이 바뀌고, 조직이 바뀌고, 상황이 바뀔 때마다 기준의 조합도 달라진다. 그래서 AI 이후의 기준은 고정된 규칙이 아니라, 계속 조정되는 상태에 가깝다. 일은 점점 "기준을 적용하는 일"이 아니라 "기준을 판단하는 일"이 된다.

이 흐름 속에서 중요한 것은, 모든 기준을 완벽하게 만족시키려 하지 않는 것이다. 기준은 늘어났지만, 선택은 여전히 하나다. 어떤 기준을 우선할지 정하는 순간에는 언제나 아쉬움이 남는다. 이 아쉬움을 감당하는 것이 AI 이후의 일에 포함된다.

결국 AI 이후 우리가 어떤 기준으로 일하고 있는지를 묻는 질문은, 어떤 사람이 되고 싶은지를 묻는 질문과 닮아 있다. 효율적인 사람인지, 신중한 사람인지, 설명 가능한 판단을 하는 사람인지, 관계를 중시하는 사람인지. 이 선택은 기술이 대신해주지 않는다.

그래서 AI 이후의 일은 더 객관적이면서도 동시에 더 주관적이다.

데이터는 객관적이지만, 기준의 선택은 주관적이다. 이 두 영역이 겹치는 지점에서 일이 이루어진다. 자동화된 환경에서 사람이 느끼는 부담은, 바로 이 겹침에서 나온다.

AI는 기준을 계산해 주지만, 기준을 선택해 주지는 않는다. 그 선택은 여전히 사람에게 남아 있다. 그리고 그 선택의 감각을 어떻게 다듬느냐가, AI 시대에 일을 잘한다는 말의 의미를 조금씩 바꾸고 있다.

그래서 질문이 남는다. 우리는 지금 어떤 기준 위에서 일하고 있는가. 그리고 그 기준을 선택할 때, 우리는 무엇을 가장 중요하게 여기고 있는가. 이 질문을 스스로에게 던질 수 있는 능력 자체가, 이제는 중요한 일의 감각이 되었다.

AI 시대의 시선 _ 결정의 무게

AI가 일터에 들어온 뒤, 결정은 더 정확해졌다고들 말한다. 데이터는 풍부해졌고, 선택지는 정리되어 있으며, 추천은 점점 친절해졌다. 겉으로 보면 결정은 쉬워져야 맞다. 그런데 현장에서 사람들이 느끼는 감각은 다르다. 결정은 줄지 않았고, 오히려 더 무거워졌다. 결정해야 할 순간은 사라지지 않았는데, 그 순간이 남기는 부담은 훨씬 커졌다.

이 변화는 어느 날 갑자기 생긴 것이 아니다. AI는 조용히 결정의 주변을 채워 왔다. 참고해야 할 정보, 비교해야 할 선택지, 과거의 유사 사례, 예상 결과까지 차분하게 정리해 준다. 문제는 이 정리가 결정을 대신해 주지는 않는다는 점이다. 오히려 결정의 가장 마지막 자리를 비워 둔 채, 그 앞까지 사람을 데려다 놓는다. 그래서 사람들은 결정 직전에 멈춘다. 이전보다 훨씬 준비된 상태로, 그러나 더 망설이며 그 자리에 선다.

예전의 결정은 불완전함을 전제로 했다. 정보가 부족한 상태에서 판단했고, 그 부족함은 어느 정도 용인됐다. "그때는 어쩔 수 없었다"라는 말이 자연스럽게 받아들여졌다. 하지만 지금은 다르다. 정보가 충분히 제공된 상태에서의 결정은, 그 자체로 설명을 요구한다. 왜 이 선택을 했는지, 다른 선택지는 왜 배제됐는지, 추천을 따랐는지 벗어났는지까지 묻게 된다. 결정은 더 합리적으로 보이지만, 동시에 더 많은 설명을 동반한다.

이 지점에서 결정의 무게는 숫자로 측정되지 않는다. 실패 확률이 낮아졌다고 해서 부담이 줄어드는 것도 아니다. 오히려 실패 가능성이 줄어들수록, 실패했을 때의 책임은 더 또렷해진다. "그 많은 정보가 있었는데 왜 이렇게 됐을까"라는 질문이 따라붙기 때문이다. 그래서 사람들은 결정 자체보다, 결정 이후에 이어질 질문을 먼저 떠올린다.

강의 현장에서 많은 사람들이 이런 말을 한다. "결정을 못 하겠다는 게 아니라, 결정한 다음이 더 걱정됩니다." 이 말은 무책임해서 나오는 말이 아니다. 오히려 책임을 너무 잘 알고 있기 때문에 나오는 반응이다. AI는 결정의 근거를 정리해 주지만, 그 근거 위에서 선택을 "누가 했는지"는 지워 주지 않는다. 그래서 결정은 점점 개인의 이름과 함께 남는다.

또 하나 눈여겨볼 변화는, 결정이 더 집단적으로 보이지만 실제로는 더 개인화된다는 점이다. 회의에서는 모두가 고개를 끄덕인다. 추천도 합리적이고, 반대 의견도 없다. 합의는 빨리 이루어진다. 그런데 막상 마지막 확인 버튼 앞에 서면, 특정 사람이 그 결정을 떠안는 구조가 된다. AI의 추천, 팀의 동의, 절차의 정당성은 모두 갖춰졌지만, "최종적으로 누가 눌렀는가"는 분명히 남는다. 그래서 결정은 가볍게 보이지만, 눌러야 하는 손은 무겁다.

이 과정에서 사람들은 점점 결정을 늦추는 방식으로 스스로를 보호한다. 추가 자료를 요청하고, 한 번 더 검토하고, 한 번 더 의견을 묻는다. 겉으로 보면 신중함이지만, 그 이면에는 결정의 무게를 혼자 감당하지 않으려는 인식이 숨어 있다. 결정이 늦어지는 이유는 판단 능력이 부족해서가 아니라, 판단 이후의 책임이 너무 명확해졌기 때문이다.

AI 시대의 결정은 그래서 성격이 달라졌다. 무엇이 맞는지를 고르는 문제가 아니라, 무엇을 책임질 것인지를 선택하는 문제가 되었다. 추천을 따르는 것도 하나의 선택이고, 추천을 벗어나는 것도 하나의 선택이다. 어느 쪽이든 이유를 설명해야 하고, 그 설명은 기록으로 남는다. 그래서 결정은 점점 기술의 문제가 아니라, 태도의 문제가 된다.

이런 환경에서 중요한 것은 더 빠른 결정을 요구하는 것이 아니다. 오히려 결정이 무거워졌다는 사실을 인정하는 것이다. AI가 들어온 뒤에도 결정이 어려운 이유는, 사람이 쓸모없어졌기 때문이 아니라, 사람에게 남겨진 역할이 더 분명해졌기 때문이다. 판단의 마지막 문장은 여전히 사람이 쓴다. 그리고 그 문장은 이전보다 훨씬 또렷하게 남는다.

그래서 AI 시대의 결정은 더 조심스럽고, 더 느리며, 더 많은 생각을 동반한다. 이는 퇴보가 아니다. 일의 기준이 바뀐 결과다. 정확함보다 설명 가능성이 중요해졌고, 속도보다 책임의 방향이 먼저 떠오른다. 결정의 무게가 늘어났다고 느껴진다면, 그것은 개인의 부담이 커졌다는 뜻이 아니라, 일의 구조가 달라졌다는 신호다. AI 이후의 일터에서 결정은 여전히 사람의 몫이며, 그 무게를 느끼고 있다는 사실 자체가 아직 우리가 판단의 중심에 서 있다는 증거다.

AI가 들어온 회사에서 벌어진 작은 변화들

01

AI가 회의 자료를
만들기 시작한 날

처음에는 특별한 사건처럼 느껴지지 않았다. 회의 자료를 준비하는 방식이 조금 달라졌을 뿐이었다. 핵심만 정리해 두면 그럴듯한 문서가 빠르게 만들어졌고, 예전보다 준비 시간이 줄어든 건 분명해 보였다. 회사 안에서는 "이제 자료 만드는 데 시간 덜 쓰게 됐다"는 말이 자연스럽게 오갔다. 일의 부담이 조금은 가벼워질 것이라는 기대도 함께 따라왔다. 겉으로 보면 누구도 불편해할 이유가 없는 변화였다.

하지만 시간이 조금 지나자, 비슷한 장면들이 반복해서 눈에 들어오기 시작했다. 자료는 훨씬 빨리 완성됐는데, 사람들은 예전보다 화면 앞에 앉아 있는 시간이 길어졌다. 문서를 열어두고 한참을 넘기지 않거나, 이미 한 번 본 페이지를 다시 위로 올려 읽는 모습도 자주 보였다. 누가 시킨 것도 아닌데, 다들 제출 버튼을 누르기 전에 잠깐씩 멈췄다. 일은 빨라졌는데, 그 일을 끝내는 순간만큼은 이상하게도 느려진 듯한 분위기였다.

빨라졌는데, 바로 넘기지 못하는 이유

자료가 빨리 나오는 환경에 익숙해질수록, 사람들의 손은 오히려 더 조심스러워졌다. 예전에는 문장을 직접 만들면서 자연스럽게 판단이 이뤄졌다. 이 표현은 너무 세지 않은지, 이 순서는 맞는지 고민하는 과정 자체가 일의 일부였다. 그런데 이제는 처음부터 정리된 형태로 문서가 등장한다. 틀린 갈은 없고, 흐름도 안정적이다. 문제는 바로 그 안정감이었다. 고칠 곳이 없어 보일수록, 그대로 사용해도 괜찮은지에 대한 확신은 오히려 줄어들었다. 사람들은 문장을 고치기보다는, 문장을 의심하기 시작했다. 이 말이 우리 상황을 정확히 반영하는지, 너무 일반적인 설명은 아닌지, 혹시 빠진 맥락은 없는지 스스로에게 묻는 시간이 늘어났다. 자료를 만드는 시간은 줄었지만, 자료를 받아들이는 데 필요한 마음의 준비는 더 길어졌다.

잘 만들어진 자료가 주는 묘한 부담

자료의 완성도가 높아질수록, 그 자료를 다루는 태도도 달라졌다. 예전에는 부족한 부분이 보이면 자연스럽게 질문이 나왔고, 수정 요청도 비교적 가벼웠다. 하지만 정리된 자료 앞에서는 말을 꺼내기 전에 한 번 더 생각하게 된다. 이미 잘 만들어진 것처럼 보이는데, 여기서 문제를 제기하는 게 괜히 일을 복잡하게 만드는 건 아닐지 고민하게 된다. 이때부터 자료는 단순히 내용을 전달하는 도구가 아니라,

조직 안에서 판단을 요구하는 존재가 됐다. 자료가 잘 정리돼 있을수록, 그 흐름을 바꾸는 일은 더 큰 용기가 필요해졌다. 반대 의견을 내는 순간, 단순한 의견 차이가 아니라 "이 잘 만들어진 판단을 왜 뒤집는가"라는 질문을 함께 감당해야 했기 때문이다.

🤖 AI 도입 전·후 회의 자료 준비 과정에서 달라진 체감 요소

구 분	AI 도입 이전	AI 도입 이후
자료 작성 시간	오래 걸림	매우 짧아짐
초안 완성도	개인차 큼	일정 수준 이상
검토·재확인 시간	비교적 짧음	오히려 길어짐
수정 방식	문장 직접 수정	사용 여부를 고민
판단이 이뤄지는 시점	작성 과정 중	승인·실행 단계
심리적 부담	작성자 중심	판단자 중심

'이건 AI가 만든 자료입니다'라는 말의 의미

어느 순간부터 자료 하단이나 설명 중간에 짧은 문장이 붙기 시작했다. "AI를 활용해 작성했습니다"라는 말이었다. 이 문장은 단순한 설명처럼 보였지만, 실제 현장에서는 여러 의미로 사용됐다. 때로는 자료의 속도를 설명하는 말이었고, 때로는 결과물의 성격을 구분 짓는 표시처럼 쓰였다. 하지만 이 문장이 붙는 순간, 판단의 주체는 더 흐려졌다. 이 내용에 문제가 생기면 누구의 판단이었는지, 어디까지가 사람의 선택이었는지를 다시 설명해야 하는 상황이 늘어났다. 자료는 중립적으로 보이지만, 그 자료를 선택하고 사용하는 책임은 여전히 사람에게 남아 있었다. 사람들은 이 책임을 어떻게 설명해야 할지 점점 더 신중해졌다.

고개를 끄덕이면서도 남는 생각들

회의 자리에서는 큰 문제 없이 자료가 넘어갔다. 설명은 매끄러웠고, 모두 고개를 끄덕였다. 겉으로 보면 합의가 잘 이뤄진 것처럼 보였다. 그런데 회의가 끝난 뒤, 각자 자리로 돌아온 사람들의 표정은 조금 달랐다. 정말로 충분히 이해하고 동의한 것인지, 아니면 잘 정리된 흐름에 자연스럽게 따라간 것인지 스스로에게 묻는 시간이 늘어났다. 회의는 짧아졌지만, 회의가 끝난 뒤 혼자 생각하는 시간은 길어졌다. 말하지 않은 질문들이 머릿속에 남았고, 그 질문들은 다음 업무로 이어질 때 다시 모습을 드러냈다. 이때부터 사람들은 회의에서의 합의와 실제 판단 사이에 미묘한 간격이 생겼다는 걸 느끼기 시작했다.

판단은 사라지지 않고, 뒤로 이동했다

AI가 회의 자료를 만들기 시작하면서 판단이 줄어들 것이라 기대하는 경우가 많았다. 하지만 현장에서 느껴지는 변화는 조금 달랐다. 판단은 사라지지 않았고, 다만 위치를 옮겼다. 자료를 만드는 과정에서는 판단이 덜 필요한 것처럼 보였지만, 그 자료를 승인하고 실행하는 단계에서 판단은 더 무거운 형태로 돌아왔다. 이미 잘 정리된 자료를 바탕으로 다른 선택을 하려면, 이전보다 더 분명한 이유가 필요했다. 그래서 사람들은 쉽게 결정하지 못했고, 한 번 더 확인하고, 한 번 더 생각하는 습관이 생겼다. 이 변화는 누가 지시해서 생긴 것이 아니라, 같은 상황이 반복되면서 자연스럽게 굳어진 감각에 가까웠다.

회의 자료를 AI가 만들기 시작한 날은 단순히 도구가 바뀐 날이 아니었다. 그날을 기점으로 회사 안에서는 일이 쉬워졌다는 말과, 일이 더 조심스러워졌다는 감각이 동시에 존재하기 시작했다. 이 두 감각이 함께 나타난다는 사실을 깨닫는 데에는 시간이 필요했지만, 많은 조직에서 비슷한 장면들이 지금도 조용히 반복되고 있다.

02

보고는 빨라졌는데
승인 속도는 느려진 이유

어느 순간부터 보고가 유난히 빨라졌다는 말을 자주 듣게 됐다. 자료를 만드는 시간이 줄었고, 정리된 형태로 바로 공유할 수 있게 되면서 "이제 보고는 금방 끝난다"는 분위기도 자연스럽게 퍼졌다. 실제로 보고 메일이 올라오는 속도는 눈에 띄게 빨라졌다. 오전에 요청한 자료가 오후 전에 도착하는 일이 낯설지 않아졌고, 하루를 넘기던 보고가 당일 안에 처리되는 경우도 늘었다. 겉으로 보면 일의 흐름이 한 단계 가벼워진 것처럼 보였다.

그런데 이상하게도, 보고가 빨라질수록 그 다음 단계는 더 느려졌다. 보고는 도착했는데, 승인 버튼은 쉽게 눌리지 않았다. 예전보다 훨씬 빨리 올라온 자료가 며칠째 그대로 남아 있는 장면이 반복됐다. 담당자는 이미 할 일을 마쳤는데, 결과는 멈춰 있는 듯한 느낌이었다. 보고는 분명히 끝났는데, 일이 끝난 것 같지는 않은 상태가 점점 익숙해졌다.

보고는 끝났는데, 마음은 아직 남아 있는 상태

보고가 빨라졌다는 건 단순히 자료 전달 속도가 빨라졌다는 뜻이었다. 하지만 승인이라는 행위는 속도만으로 움직이지 않았다. 승인하는 사람들은 자료를 받자마자 결정을 내리기보다, 한 번 더 읽고, 다시 확인하고, 잠시 보류하는 경우가 많아졌다. 자료 자체는 잘 정리돼 있었지만, 그 안에 담긴 선택의 무게는 오히려 더 또렷하게 느껴졌다. 예전에는 보고가 늦어지면 승인도 자연스럽게 늦어졌다. 준비가 오래 걸렸으니 판단도 그만큼 시간을 들이는 게 당연했다. 하지만 이제는 상황이 달라졌다. 준비는 빠른데, 판단은 그대로 남아 있었다. 이 간극이 승인 단계에서 그대로 드러났다. 사람들은 속도가 빨라진 만큼, 판단까지 빨라져야 한다는 압박을 느끼면서도, 그 압박을 그대로 받아들이지 못했다.

승인 버튼 앞에서 생긴 새로운 망설임

승인을 미루는 이유는 복잡하지 않았다. 잘 정리된 보고일수록, 그 내용을 그대로 받아들이는 게 맞는지 한 번 더 생각하게 됐다. 자료가 깔끔할수록 "이 방향이 정말 최선인가"라는 질문이 더 선명해졌다. 예전에는 보고서의 부족한 부분을 보완하며 판단했다면, 이제는 완성된 흐름을 받아들일지 말지를 결정해야 했다. 이때부터 승인자는 단순히 결과를 확인하는 사람이 아니라, 판단의 최종 지점에 서 있는 사람처럼 느껴지기 시작했다. 보고를 승인하는 순간, 그 선택이 곧 자신의 판단으로 기록될 것 같은 감각이 따라왔다. 그래서 승인 버튼 앞에서는 자연스럽게 속도가 늦어졌다. 빨리 끝낼 수 있는 일이었지만, 빨리 끝내기에는 마음이 쉽게 움직이지 않았다.

'조금만 더 보자'라는 말이 늘어난 이유

조직 안에서 자주 들리는 말도 바뀌었다. "조금만 더 보자", "한 번 만 더 확인해 보자" 같은 표현이 자연스럽게 오갔다. 이는 자료가 부족해서가 아니라, 오히려 너무 잘 정리돼 있기 때문에 나온 말에 가까웠다. 추가 확인은 사실상 새로운 정보를 찾기보다는, 판단을 미루기 위한 시간 벌기처럼 쓰이는 경우도 많았다. 이 과정에서 보고자는 다시 한 번 자신의 위치를 확인하게 된다. 이미 보고는 끝났지만, 승인되지 않은 상태가 길어질수록 묘한 불안이 생긴다. 혹시 놓친 부분이 있는 건 아닐지, 내가 판단을 너무 앞서간 건 아닐지 스스로를 되돌아보게 된다. 보고는 빨라졌지만, 보고 이후의 감정은 오히려 더 복잡해졌다.

승인 속도가 느려졌다는 말의 다른 의미

승인이 늦어진다는 건, 단순히 의사결정이 느려졌다는 뜻만은 아니었다. 그 안에는 판단의 기준이 바뀌고 있다는 신호도 함께 담겨 있었다. 예전에는 경험과 관행이 자연스럽게 판단을 도와줬다면, 이제는 정리된 자료 앞에서 "왜 이 선택을 해야 하는지"를 스스로 납득해야 했다. 이때부터 승인자는 결과를 고르는 사람이 아니라, 선택의 이유를 설명해야 하는 사람에 가까워졌다. 승인 속도가 느려진 이유는 판단이 어려워졌기 때문이 아니라, 판단을 남기는 방식이 달라졌기 때문이었다. 한 번의 승인에 담기는 의미가 커지면서, 조직 전체의 리듬도 함께 느려지는 듯한 인상을 주었다.

🤖 **AI 도입 이후 보고와 승인 단계에서 체감되는 속도의 변화**

구 분	AI 도입 이전	AI 도입 이후
보고 준비 속도	상대적으로 느림	매우 빠름
보고 제출 빈도	제한적	잦아짐
승인 결정 속도	보고 속도와 유사	오히려 느려짐
승인자의 심리	경험에 의존	판단 책임 인식 증가
'일이 끝났다는 느낌'	승인 시점에 명확	승인 후에도 잔존

빨라진 보고와 느려진 승인 사이에서 생긴 긴장

보고가 빨라지고 승인 속도가 느려지면서, 그 사이에는 미묘한 긴장이 생겼다. 보고자는 이미 끝난 일을 다시 기다려야 했고, 승인자는 결정을 미룬다는 부담을 안고 있었다. 누구도 일을 안 하고 있는 건 아니었지만, 일의 흐름은 중간에서 잠시 멈춰 있는 듯 보였다.

이 긴장은 말로 잘 드러나지 않는다. 다들 이해하고 있다는 표정을 짓지만, 각자의 자리에서는 다른 감정을 느낀다. 보고자는 "왜 이렇게 오래 걸릴까"를 생각하고, 승인자는 "이 결정을 지금 내려도 괜찮을까"를 고민한다. AI 도입 이후 보고가 빨라진 조직에서 자주 관찰되는 장면이다.

보고는 빨라졌지만, 승인 속도가 느려진 이유는 기술의 문제가 아니었다. 그것은 판단이 사라진 결과도 아니었다. 오히려 판단이 더 또렷해졌기 때문에 생긴 변화에 가까웠다. 자료가 빨리 준비될수록, 그 자료 위에 남겨질 선택의 흔적은 더 무겁게 느껴졌다. 이런 감각의 변화는 특별한 회사만의 이야기가 아니라, 많은 조직에서 반복적으로 나타나는 일상의 장면이다.

03

'이건 AI가 만든 겁니다'라는
말이 늘어난 순간

어느 날부터인가 보고나 자료를 설명할 때 짧은 문장이 하나 덧붙기 시작했다. 내용 설명이 끝난 뒤, 혹은 파일을 전달하면서 자연스럽게 이어지는 말이었다. "이건 AI가 만든 겁니다." 처음에는 단순한 정보처럼 들렸다. 어떤 도구를 사용했는지 알려주는 정도의 말이었고, 굳이 의미를 부여할 필요는 없어 보였다. 하지만 이 문장이 반복될수록, 사람들의 태도와 조직의 공기가 조금씩 달라지고 있다는 걸 현장에서는 분명히 느낄 수 있었다.

이 말은 기술을 자랑하기 위해서도, 작업 속도를 설명하기 위해서도 쓰이지 않았다. 오히려 그 반대에 가까웠다. 말을 덧붙이는 사람의 표정에는 설명보다는 조심스러움이 담겨 있었고, 듣는 사람 역시 그 문장을 그냥 흘려듣지 않았다. 이 짧은 한마디는 점점 회사 안에서 특정한 역할을 맡게 됐다.

설명처럼 보였지만, 실제로는 신호였던 말

"이건 AI가 만든 겁니다"라는 말은 겉으로 보면 중립적인 설명이다. 하지만 현장에서는 그 말이 나오면 자연스럽게 해석되는 뉘앙스가 있었다. 이 자료는 누군가의 순수한 판단만으로 나온 결과가 아니라는 뜻, 그래서 이 내용에 대해 단정적인 책임을 묻기는 어렵다는 신호처럼 받아들여졌다. 이 말이 붙는 순간, 자료는 개인의 결과물에서 한 발짝 떨어진 위치에 놓였다. 누군가의 생각과 경험이 담긴 문서라기보다, 시스템을 거쳐 나온 정리 결과처럼 보이기 시작했다. 사람들은 이 차이를 직관적으로 느꼈다. 그래서 자료를 받아보는 태도도 조금 달라졌다. 더 날카롭게 묻기보다는, 한 번 더 상황을 보자는 쪽으로 흐르기 쉬워졌다.

책임을 피하려는 말은 아니었지만

이 문장을 쓰는 사람들이 책임을 피하려 했다고 보기는 어렵다. 오히려 그 반대였다. 판단의 결과가 점점 더 또렷하게 기록되는 환경에서, 사람들은 자신이 어디까지 책임져야 하는지를 계속 고민하고 있었다. "이건 AI가 만든 겁니다"라는 말은 그 고민의 흔적에 가까웠다. 예전에는 문서를 만들면 그 문서 전체가 자연스럽게 작성자의 판단으로 인식됐다. 틀리면 고치면 됐고, 부족하면 보완하면 됐다. 그런데 이제는 상황이 조금 달라졌다. 처음부터 정리된 결과가 주어지는 환경에서는, 그 결과를 그대로 사용하는 순간 판단의 책임이 발생한다. 그래서 사람들은 판단의 시작점을 조금이라도 분리해 두고 싶어졌다. 이 문장은 그 분리를 가능하게 해주는 최소한의 장치처럼 쓰였다.

🤖 '이건 AI가 만든 겁니다'라는 말이 사용되는 방식의 변화

구 분	AI 도입 이전	AI 도입 이후
결과물의 인식	개인의 판단 결과	시스템을 거친 결과
설명의 목적	과정 공유	판단 거리두기
책임 인식	작성자 중심	선택자 중심
질문의 방향	'왜 이렇게 했나'	'이걸 어떻게 사용할까'
조직의 반응	수정·보완 중심	판단 유보·재검토

듣는 사람의 태도도 함께 바뀌었다

이 말을 듣는 쪽에서도 미묘한 변화가 생겼다. "이건 AI가 만든 겁니다"라는 설명이 붙으면, 내용의 오류를 지적하는 방식이 달라졌다. 이전처럼 곧바로 "왜 이렇게 했나요"라고 묻기보다는, "그럼 이 부분은 우리가 어떻게 판단하면 좋을까요"라는 질문이 나오는 경우가 많아졌다. 자료를 평가하는 기준이 사람의 의도에서 구조와 맥락 쪽으로 이동한 것이다. 누가 만들었느냐보다, 이 결과를 지금 상황에 어떻게 적용할 것인가가 더 중요해졌다. 겉으로 보면 합리적인 변화처럼 보이지만, 그 과정에서 판단의 무게는 오히려 더 커졌다. 결과를 받아들이는 쪽 역시 선택을 피할 수 없게 되었기 때문이다.

말 한마디가 만든 심리적 완충 지대

조직 안에서 이 문장은 일종의 완충 지대 역할을 했다. 강하게 밀어붙이기에도, 완전히 책임을 돌리기에도 애매한 상황에서 이 말은 모두를 잠시 멈추게 했다. 덕분에 논의는 부드러워졌지만, 동시에 결정은 한 번 더 뒤로 밀리는 경우도 많아졌다. 이 문장이 자주 등장하는 조직일수록, 판단은 점점 신중해졌고 속도는 느려졌다. 사람들은 이 변화를 나쁘다고만 느끼지는 않았다. 적어도 섣부른 결정은 줄어들었고, 서로를 공격하는 분위기도 완화됐기 때문이다. 다만 일이 가볍게 끝나는 느낌은 점점 사라졌다. 모든 결과 뒤에 "그래서 이건 누가 결정한 건가"라는 질문이 남았기 때문이다.

결국 남는 건 사람의 선택

"이건 AI가 만든 겁니다"라는 말은 판단을 대신해 주지 않는다. 오히려 판단이 반드시 필요하다는 사실을 더 분명하게 드러낸다. 결과가 어디에서 왔는지를 설명할 수는 있지만, 그 결과를 사용할지 말지를 정하는 순간에는 여전히 사람이 남는다. 이 말이 반복될수록, 사람들은 그 사실을 더 또렷하게 인식하게 됐다. 그래서 이 문장은 점점 단순한 설명이 아니라, 판단의 출발점처럼 쓰이기 시작했다. 이 결과를 그대로 받아들일 것인지, 수정할 것인지, 혹은 다른 방향을 선택할 것인지에 대한 질문은 결국 사람에게 돌아온다. AI가 만든 결과물은 많아졌지만, 그 결과를 어떻게 다룰지에 대한 책임은 더 분명해졌다.

　"이건 AI가 만든 겁니다"라는 말이 늘어난 순간은, 책임이 사라진 순간이 아니었다. 오히려 책임의 위치와 성격이 다시 한 번 드러난 순간에 가까웠다. 이 변화는 특별한 회사의 이야기가 아니라, AI가 자연스럽게 스며든 많은 조직에서 반복적으로 관찰되는 일상의 장면이다.

(04)

팀장이 결정을
미루기 시작한 계기

　처음에는 팀장이 신중해졌다고만 느껴졌다. 예전보다 질문이 많아졌고, 바로 답을 내리기보다는 "조금만 더 보자"라는 말을 자주 했다. 급한 사안이 아닌 이상 즉각적인 결론을 내리지 않았고, 하루 이틀 더 지켜보는 선택이 늘어났다. 겉으로 보면 책임감이 강해진 것처럼 보였고, 조직 전체도 그 변화를 자연스럽게 받아들였다. 하지만 시간이 지나면서 비슷한 장면이 반복되자, 사람들은 이 변화가 개인 성향의 문제가 아니라는 걸 눈치채기 시작했다.

　팀장은 여전히 회의에 참석했고, 보고를 꼼꼼히 읽었다. 문제는 읽은 뒤였다. 예전에는 "이 방향으로 가죠"라는 말이 비교적 빨리 나왔는데, 이제는 그 말이 쉽게 나오지 않았다. 결정은 미뤄졌고, 다음 단계로 넘어가는 속도도 함께 늦어졌다. 팀원들은 팀장이 일을 안 하는 게 아니라는 걸 알고 있었지만, 그럼에도 불구하고 조직의 리듬이 바뀌고 있다는 느낌을 지울 수 없었다.

결정이 늦어진 게 아니라, 무거워진 순간

팀장이 결정을 미루기 시작한 이유는 단순하지 않았다. 정보가 부족해서도 아니고, 상황을 이해하지 못해서도 아니었다. 오히려 그 반대였다. 자료는 충분히 정리돼 있었고, 선택지는 명확해 보였다. 문제는 그 선택이 남기는 흔적이었다. AI 도입 이후, 팀장이 내리는 결정은 예전보다 더 또렷하게 기록되기 시작했다. 누가 어떤 근거로 어떤 판단을 했는지가 문서와 시스템 안에 남았다. 그래서 결정은 순간의 판단이 아니라, 나중에 다시 꺼내질 수 있는 기록이 됐다. 이때부터 팀장은 결정을 "내리는 것"보다 "남기는 것"으로 인식하기 시작했다.

🤖 AI 도입 이후 팀장의 '결정'에 대한 인식 변화

구 분	AI 도입 이전	AI 도입 이후
결정의 성격	일상적 선택	기록으로 남는 판단
결정의 기준	경험·관행	근거·설명 가능성
결정 시점	즉각적	지연·유보
팀장의 심리	책임 분산	책임 집중
미루는 선택의 의미	우유부단	안전한 선택

'지금 결정해도 괜찮을까'라는 질문

팀장이 자주 던지는 질문도 바뀌었다. 예전에는 "이게 맞나"였다면, 이제는 "지금 결정해도 괜찮을까"에 가까워졌다. 판단의 내용보다 판단의 타이밍이 더 중요해진 것이다. 조금 더 기다리면 새로운 정보가 나올 것 같았고, 한 번 더 확인하면 더 나은 선택을 할 수 있을 것처럼 느껴졌다. 이 질문은 단순한 망설임이 아니었다. 결정이 빨라질수록 책임이 커진다는 인식이 팀장에게 분명히 자리 잡았기 때문이다. 그래서 팀장은 결정을 미루는 쪽을 안전한 선택으로 인식하기 시작했다. 하지 않는 결정은 책임을 남기지 않는 것처럼 보였고, 그 인식은 반복될수록 굳어졌다.

팀원이 느끼는 미묘한 거리감

팀장의 변화는 팀원들에게도 바로 전달됐다. 예전에는 보고를 마치면 다음 단계가 자연스럽게 이어졌는데, 이제는 중간에 멈춰 있는 시간이 길어졌다. 팀원들은 "아직 결정이 안 났다"는 말을 자주 듣게 됐고, 그 말은 곧 기다림을 의미했다. 이 기다림은 단순한 시간 문제가 아니었다. 팀원들은 자신이 제안한 방향이 보류되는 동안, 그 판단이 틀렸던 건 아닌지 스스로를 점검하게 됐다. 팀장이 결정을 미루는 이유를 정확히 알지 못했기 때문에, 그 공백은 불안으로 채워지기 쉬웠다. 조직 안에는 말로 설명되지 않는 긴장감이 조금씩 쌓였다.

책임은 위로 올라가고, 결정은 아래로 내려오지 않았다

흥미로운 점은 팀장이 결정을 미루는 동안, 판단의 부담은 오히려 팀원들에게도 퍼졌다는 것이다. 팀장은 "조금 더 보자"고 말했지만, 그 사이에 팀원들은 여러 가능성을 검토하며 스스로 결정을 가정하게 됐다. 공식적인 결정은 없었지만, 비공식적인 판단은 계속 이뤄지고 있었다. 이 과정에서 조직은 묘한 이중 상태에 놓였다. 책임은 여전히 팀장에게 있는 것처럼 보였지만, 실제 판단의 고민은 팀 전체로 흩어졌다. 결정이 내려지지 않았기 때문에 누구도 명확한 책임을 지지 않았고, 그만큼 조직은 느려졌다. 모두가 조심스러워졌지만, 그 조심스러움이 방향을 만들어주지는 못했다.

팀장이 결정을 미루기 시작한 진짜 계기

팀장이 결정을 미루기 시작한 계기는 AI 그 자체가 아니었다. AI가 제공한 결과를 어떻게 다뤄야 할지에 대한 기준이 아직 조직 안에 충분히 자리 잡지 않았기 때문이다. 판단의 기준이 불분명한 상태에서, 팀장은 혼자서 결정을 떠안는 위치에 서게 됐다. 그래서 팀장은 속도를 선택하기보다 안전을 택했다. 결정을 늦추는 것이 더 책임 있는 행동처럼 느껴졌고, 그 선택은 반복되면서 습관이 됐다. 이 변화는 어느 날 갑자기 나타난 것이 아니라, 비슷한 상황이 계속 쌓이면서 자연스럽게 만들어진 결과였다.

팀장이 결정을 미루기 시작한 순간은, 리더십이 약해진 순간이 아니었다. 오히려 판단의 무게가 달라졌다는 신호에 가까웠다. 이 변화는 특정 팀이나 특정 인물의 문제가 아니라, AI가 일상에 스며든 많은 조직에서 조용히 반복되고 있는 장면이다. 팀장은 여전히 결정을 내리고 있지만, 그 결정에 이르기까지의 시간과 감각은 예전과는 분명히 달라져 있었다.

결국 사람이
나서야 했던 마지막 판단

그날의 분위기는 이전과 크게 다르지 않았다. 자료는 이미 충분히 공유돼 있었고, 선택지는 보기 좋게 정리돼 있었다. 누구도 준비가 덜 됐다고 말하지 않았고, 더 필요한 정보가 있다고 주장하는 사람도 없었다. 겉으로 보면 이제 결정만 남은 상태였다. 그런데도 방 안에는 묘한 정적이 흘렀다. 모두가 같은 화면을 보고 있었지만, 그 다음 말을 먼저 꺼내는 사람은 없었다. 이때부터 사람들은 직감적으로 느끼기 시작했다. 이 선택은 더 이상 시스템이나 흐름에 맡길 수 있는 문제가 아니라는 것을.

AI가 도입된 이후 많은 판단이 자연스럽게 정리된 것처럼 보였다. 추천은 분명했고, 비교는 이미 끝난 상태였다. 이전 같았으면 "그럼 이 안으로 가죠"라는 말이 나왔을 타이밍이었다. 하지만 그날은 달랐다. 선택지가 아무리 잘 정리돼 있어도, 그 선택이 가져올 결과를 누군가는 직접 감당해야 한다는 사실이 선명하게 드러났다. 사람들은 이 순간을 쉽게 넘기지 못했다.

추천이 끝나는 지점에서 시작되는 망설임

AI가 제공하는 결과는 판단을 돕는 데에는 충분했다. 어떤 선택이 합리적인지, 어떤 방향이 평균적으로 안전한지까지는 잘 보여줬다. 문제는 그 다음이었다. 추천이 끝나는 지점에서부터는 다시 사람이 등장해야 했다. 이 선택이 지금 우리 조직에 맞는지, 이 시점에 감당할 수 있는지, 혹시 놓치고 있는 맥락은 없는지에 대한 질문은 여전히 남아 있었다. 이 질문들은 숫자나 비교표로는 해결되지 않았다. 그래서 사람들은 잠시 멈췄다. 추천을 따르지 않는 선택을 하는 데에는 이유가 필요했고, 그 이유를 말로 설명해야 한다는 부담도 함께 따라왔다. 이때부터 판단은 단순한 선택이 아니라, 설명을 전제로 한 행위가 됐다.

'누가 이걸 결정하는 거죠'라는 질문의 무게

결정이 늦어질수록 조직 안에서는 조심스러운 질문이 나오기 시작했다. "이건 누가 결정하는 건가요"라는 말은 책임을 떠넘기기 위한 질문이 아니었다. 오히려 그 반대였다. 이 선택의 무게를 누가 감당해야 하는지 명확히 하고 싶다는 신호에 가까웠다. 이 질문이 나오는 순간, 방 안의 공기는 달라졌다. 그동안 공유돼 있던 자료와 추천은 잠시 배경으로 밀려났고, 사람의 이름과 직함이 다시 중심에 놓였다. 선택을 대신해 줄 무언가는 없다는 사실이 모두에게 분명해졌다.

이때부터 결정은 다시 사람의 몫이 됐다.

마지막 판단이 남기는 감각

결국 누군가가 말을 꺼냈다. 그 말은 확신에 차 있다기보다는, 책임을 받아들이겠다는 태도에 가까웠다. "이 방향으로 가보죠"라는 문장은 그 자체로 결론이었지만, 동시에 시작이었다. 그 선택이 옳았는지는 나중에 평가될 일이었고, 그때까지의 책임은 그 말을 한 사람이 짊어지게 됐다. 이 순간을 지나고 나면, 사람들은 공통적으로 비슷한 감각을 이야기한다. 결정이 내려졌다는 안도감과 함께, 묘한 피로감이 남는다. 추천을 따르는 결정이 아니라, 추천을 넘어서야 했던 판단이었기 때문이다. AI가 도와준 과정이 길수록, 마지막 판단의 무게는 더 또렷하게 느껴졌다.

조직이 조용해지는 이유

이런 장면이 반복되면서 조직은 점점 조용해졌다. 불필요한 말은 줄었고, 결정 앞에서는 모두가 한 박자씩 늦게 움직였다. 이 조용함은 소극적인 태도에서 비롯된 것이 아니었다. 오히려 판단의 순간을 가볍게 넘기지 않으려는 집단적인 태도에 가까웠다. 사람들은 알게 됐다. AI가 많은 것을 대신해 줄수록, 마지막 한 걸음은 더 신중해진다는 사실을. 그래서 조직은 빠른 결정보다, 설명 가능한 결정을 선택하기 시작했다. 그 선택은 속도를 늦췄지만, 방향을 흐리지 않기 위한 나름의 균형이었다.

결국 남는 것은 사람의 선택

AI가 도입된 이후에도 판단은 사라지지 않았다. 다만 판단이 등장하는 위치가 바뀌었을 뿐이다. 많은 과정은 정리됐지만, 그 정리된 결과를 넘어서야 하는 순간에는 여전히 사람이 필요했다. 그 순간은 언제나 비슷한 표정을 남긴다. 잠깐의 침묵, 서로를 바라보는 시선, 그리고 누군가의 조심스러운 한마디.

결국 사람이 나서야 했던 마지막 판단은, 기술의 한계를 드러내는 장면이 아니었다. 오히려 기술이 충분히 작동한 뒤에야 비로소 드러나는 인간의 역할에 가까웠다. 이 장면은 특별한 사건으로 기록되지 않는다. 하지만 많은 회사에서, 비슷한 순간들이 오늘도 조용히 반복되고 있다. 그 선택의 무게를 아는 사람들만이 그 장면을 또렷하게 기억할 뿐이다.

AI 시대의 시선 _ 현장의 장면

AI가 회사에 들어온 뒤 가장 먼저 달라진 것은 업무 프로세스도, 성과 지표도 아니었다. 현장에서 일하는 사람들이 같은 일을 대하는 표정과 호흡이 조금씩 달라졌다. 이전보다 훨씬 많은 정보와 정리된 결과를 마주하고 있지만, 그만큼 쉽게 넘어가지 못하는 순간도 함께 늘어났다. 일은 빨라졌는데, 결정을 앞둔 장면에서는 오히려 시간이 늘어나는 묘한 역설이 반복된다.

현장에서 자주 목격되는 장면은 비슷하다. 자료는 이미 충분하고, 추천도 명확한데, 마지막 한 문장을 누군가가 대신 말해주지는 않는다. 모두가 알고 있지만, 먼저 나서지는 않는 상태가 잠시 유지된다. 이때의 침묵은 무지에서 비롯된 것이 아니라, 판단의 무게를 정확히 인식하고 있다는 신호에 가깝다. 예전 같으면 자연스럽게 흘러갔을 결정이, 이제는 한 번 더 멈춰서서 바라보는 대상이 됐다.

또 하나 눈에 띄는 변화는 말의 방향이다. "이렇게 하겠습니다"보다는 "이 방향이 가능해 보입니다"라는 표현이 늘었고, 단정적인 결론보다는 조건이 붙은 설명이 많아졌다. 이는 책임을 회피하려는 태도라기보다, 결과가 남는 환경에 적응하는 방식에 가깝다. 판단이 기록으로 남고, 나중에 다시 불려 나올 수 있다는 감각은 말의 온도를 낮추고, 문장을 길게 만든다.

팀장과 실무자 사이의 거리도 조금 달라졌다. 위에서 빠르게 정리해 주던 결정이 줄어든 대신, 현장의 의견이 다시 올라가는 횟수는 늘었다. 하지만 그 의견이 곧바로 결정으로 이어지지는 않는다. 판단은 공유되지만, 결론은 유보되는 장면이 반복된다. 이 과정에서 조직은 더 조용해지고, 각자는 자신의 선택이 어떤 의미를 갖는지 스스로 점검하게 된다.

이런 장면들은 특별한 사건으로 기록되지 않는다. 회의록에도 남지 않고, 성과 보고서에도 등장하지 않는다. 하지만 현장에서 일하는 사람들은 분명히 느낀다. AI 이후의 일은 더 쉬워진 것도, 더 어려워진 것도 아니라, 더 조심스러워졌다는 사실을. 그 조심스러움은 기술에 대한 불신이 아니라, 판단의 순간을 가볍게 넘기지 않으려는 태도에서 비롯된다.

AI 시대의 현장은 여전히 사람이 중심에 있다. 다만 그 사람이 등장하는 위치와 방식이 달라졌을 뿐이다. 많은 과정은 시스템이 대신하지만, 마지막 장면에서는 여전히 사람의 이름이 불린다. 그 이름이 불리는 순간을 모두가 알고 있기 때문에, 현장은 오늘도 한 박자 느린 속도로 움직인다. 이 느림은 뒤처짐이 아니라, 새로운 일의 감각에 적응하는 과정에 가깝다.

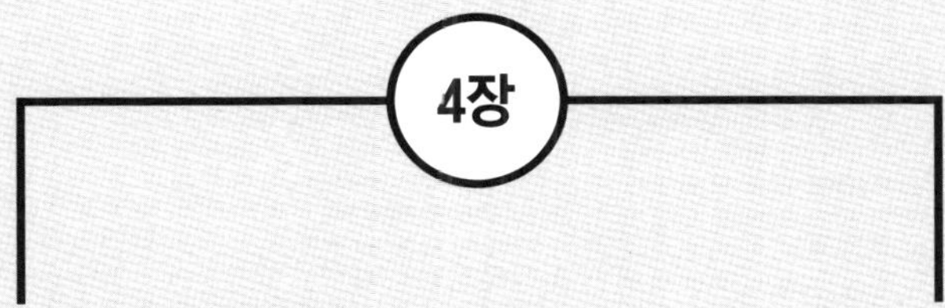

4장

AI 시대의
회사는 왜
말을 아끼게 되었는가

말이 줄어든 회의는
효율적인가 안전한가

　어느 순간부터 회의가 빨리 끝나기 시작했다. 안건은 많지 않았고, 발언도 길지 않았다. 모두가 준비해 온 자료를 이미 알고 있는 듯했고, 굳이 같은 설명을 반복하지 않아도 되는 분위기였다. 회의실을 나서며 "오늘은 빨리 끝났네"라는 말이 자연스럽게 나왔다. 겉으로 보기에는 효율이 높아진 것처럼 보였다. 하지만 그 말이 반복될수록, 현장에서는 다른 질문이 조용히 떠올랐다. 정말로 일이 정리된 것인지, 아니면 말을 아낀 것인지에 대한 의문이었다.

　AI가 조직에 들어온 이후, 회의는 점점 정제된 공간이 됐다. 필요한 정보는 이미 공유돼 있고, 비교와 정리는 끝난 상태에서 만남이 시작된다. 그래서 회의는 확인의 자리처럼 보이기도 한다. 문제는 그 확인 과정에서 사람들이 점점 말을 줄이기 시작했다는 점이다. 예전 같으면 자연스럽게 나왔을 의견이나 질문이, 이제는 한 박자 늦게 떠오르거나 아예 입 밖으로 나오지 않는 경우가 늘었다. 회의가 조용해질수록, 그 조용함의 이유를 생각하게 된다.

말이 줄어든 이유는 준비 부족이 아니었다

회의에서 발언이 줄어든다그 해서 사람들이 준비를 덜 했다고 보기는 어렵다. 오히려 그 반대다. 자료는 더 잘 읽혀 왔고, 쟁점도 이미 머릿속에서 정리된 상태였다. 문제는 말의 준비가 아니라, 말의 결과였다. 한 번 꺼낸 말이 어떤 판단으로 연결될지, 그 판단이 누구의 책임으로 남게 될지를 모두가 너무 잘 알게 된 것이다. AI 도입 이후, 발언은 단순한 의견 제시가 아니라 기록의 시작처럼 느껴졌다. 회의에서 한 말은 메모로 남고, 정리돼 공유되며, 나중에 다시 불려 나올 수 있다. 그래서 사람들은 말을 꺼내기 전에 한 번 더 생각하게 됐다. 이 말이 지금 꼭 필요한지, 혹시 너무 앞서 나가는 건 아닌지, 이 발언이 나중에 다른 의미로 해석되지는 않을지 스스로 점검하는 시간이 길어졌다. 그 결과, 말은 자연스럽게 줄어들었다.

효율적인 회의라는 말의 다른 얼굴

회의 시간이 짧아지고 발언이 줄어들면, 조직은 흔히 그것을 효율의 증거로 받아들인다. 실제르 불필요한 논쟁이 줄어들고, 결정이 빠르게 내려지는 경우도 있다. 하지만 현장에서 느껴지는 감각은 조금 다르다. 말이 줄어든 회의는 효율적이기보다는 안전해진 회의에 가깝다. 안전하다는 말은, 틀릴 가능성을 최소화했다는 뜻이다. 누구도 확실하지 않은 말을 꺼내지 않고, 모두가 합의 가능한 수준의 이야기만 나눈다. 이 과정에서 회의는 부드러워지지만, 동시에 예측 가능한 방향으로만 흘러간다. 새로운 관점이나 불편한 질문은 자연스럽게 뒤로 밀린다. 회의가 끝난 뒤에도 결정에 대한 큰 불만은 없지만, 동시에 강한 확신도 남지 않는다.

말을 하지 않는 선택이 되다

조직 안에서 침묵은 더 이상 소극적인 태도가 아니다. 오히려 상황에 맞는 선택처럼 받아들여지기 시작했다. 확실하지 않은 말로 책임을 만드는 것보다, 충분히 검증된 흐름에 몸을 맡기는 편이 안전하다고 느끼는 사람이 늘었다. 이때 침묵은 회피가 아니라 조정이다. 스스로를 보호하면서 조직의 리듬을 해치지 않기 위한 선택이다. 이 선택은 개인의 성향에서 비롯되기보다는, 반복된 경험에서 만들어진다. 한 번의 발언이 예상보다 큰 판단으로 이어졌던 경험, 가볍게 던진 의견이 문서에 남아 부담이 됐던 순간들이 쌓이면서 사람들은 학습한다. 말은 조심해서 해야 하고, 굳이 하지 않아도 되는 말은 하지 않는 편이 낫다는 감각이 조직 전반에 퍼진다.

질문이 줄어든 회의의 풍경

말이 줄어든 회의에서 가장 먼저 사라지는 것은 질문이다. 질문은 불확실성을 드러내는 행위이기 때문에, 안정적인 흐름을 잠시 멈추게 만든다. 그래서 사람들은 질문을 마음속에 남겨둔 채 회의를 마무리하는 경우가 많아졌다. 회의실에서는 고개를 끄덕였지만, 자리로 돌아와 메신저나 개인 메모에 질문을 적어두는 장면이 늘었다. 이 변화는 조직의 지식이 사라진다는 뜻은 아니다. 다만 그 지식이 공개적으로 교환되는 방식이 달라졌을 뿐이다. 질문은 회의실이 아니라 개인의 공간으로 이동했고, 그만큼 조직 전체가 함께 고민하는 시간은 줄어들었다. 회의는 대끄러워졌지만, 생각은 흩어졌다.

안전해진 조직, 느려진 확신

AI 시대의 회의는 분명 이전보다 정돈돼 있다. 불필요한 감정 소모도 줄었고, 충돌 역시 적다. 하지만 그 안정감 속에서 확신은 점점 희미해진다. 모두가 동의한 것처럼 보이지만, 누구도 강하게 주장하지 않은 결정이 늘어난다. 그 결정은 틀리지 않을 가능성은 높지만, 정말로 옳았는지는 쉽게 말하기 어렵다. 말이 줄어든 회의는 효율적인 동시에 안전하다. 그러나 그 안전함은 대가를 요구한다. 조직은 더 조심스러워지고, 구성원들은 한 발 물러난 위치에서 판단을 기다리게 된다. 이 변화는 AI가 말을 대신해서가 아니라, 말이 곧 책임이 되는 환경이 만들어졌기 때문에 생긴 결과다.

AI 시대의 조직이 말을 아끼게 된 이유는 단순히 회의 방식이 바뀌어서가 아니다. 말의 무게가 달라졌고, 그 무게를 모두가 체감하고 있기 때문이다. 그래서 회의는 오늘도 조용히 끝난다. 효율적이었는지, 안전했는지는 각자 다르게 느끼겠지만, 한 가지는 분명하다. 이 조용함은 우연이 아니라, 많은 조직에서 반복적으로 선택된 결과라는 점이다.

(02)

중립적인 표현이
늘어날수록 사라지는 것들

어느 날부터 회의에서 자주 들리는 말이 달라졌다. "문제가 있어 보입니다"보다는 "검토가 필요해 보입니다"가, "이 방향은 위험합니다"보다는 "리스크가 존재할 수 있습니다"가 더 자연스럽게 쓰였다. 말은 부드러워졌고, 문장은 길어졌다. 누군가의 의견을 정면으로 긋는 표현은 줄어들었고, 대신 누구도 틀리지 않는 말들이 자리를 채웠다. 회의는 매끄러워졌지만, 끝나고 나면 무엇을 결정했는지 선명하게 남지 않는 경우가 늘었다.

AI가 조직에 들어온 이후, 말은 더 정교해졌다. 감정이 섞인 표현은 자연스럽게 걸러졌고, 객관적으로 들리는 문장이 선호됐다. 이 변화는 예의의 문제가 아니었다. 중립적인 표현은 누군가의 판단을 자극하지 않고, 책임을 특정하지 않으며, 기록으로 남아도 안전하게 보인다. 그래서 사람들은 점점 그 표현에 익숙해졌다. 말의 톤이 바뀌자, 회의의 공기도 함께 달라졌다.

중립적인 말이 선택되는 이유

중립적인 표현이 늘어난 이유는 단순하다. 말이 곧 판단으로 이어지는 환경에서, 가장 안전한 말이기 때문이다. 확정적인 표현은 이후의 결과에 대한 책임을 불러온다. 반면 "가능성", "검토", "여지" 같은 단어는 판단을 유보한 상태를 유지하게 해준다. 그래서 사람들은 자신도 모르게 그 표현을 고른다. 이 선택은 개인의 조심성에서 비롯된 것처럼 보이지만, 실제로는 조직이 학습한 결과에 가깝다. 한 번의 발언이 문서에 남고, 그 문서가 다시 회의에 등장하고, 그 말이 특정 판단의 근거로 호출되는 경험이 쌓이면서 사람들은 알게 된다. 말은 중립적일수록 오래 살아남는다는 것을.

말이 중립화되며 사라지는 것들

중립적인 표현이 늘어날수록 가장 먼저 사라지는 것은 입장이다. 누가 찬성하고, 누가 우려하는지 분명하지 않게 된다. 모두가 비슷한 톤으로 말하다 보니, 서로의 생각을 정확히 가늠하기 어려워진다. 회의가 끝나도 각자의 속마음은 여전히 남아 있고, 그 차이는 공식적인 자리에서는 드러나지 않는다. 그 다음으로 사라지는 것은 온도다. 말에는 원래 말한 사람의 감각과 맥락이 담기기 마련인데, 중립적인 표현은 그 온도를 지운다. 틀리지 않는 말만 남기다 보니, 정말 중요하다고 느낀 지점이 어디였는지 흐릿해진다. 조직은 안전해졌지만, 동시에 무엇을 진짜로 중요하게 여기는지는 잘 보이지 않게 된다.

판단을 미루는 언어의 축적

중립적인 말은 즉각적인 갈등을 줄여준다. 회의는 평온하게 끝나고, 표면적인 합의도 쉽게 만들어진다. 하지만 그 평온함 속에서 판단은 조금씩 뒤로 밀린다. "좀 더 보자", "추이를 확인하자"라는 말이 반복될수록, 결정의 시점은 자연스럽게 늦춰진다. 이 과정에서 조직은 스스로를 합리적으로 관리하고 있다고 느낀다. 섣부른 판단을 하지 않는다는 점에서 성숙해 보이기도 한다. 하지만 현장에서 느끼는 감각은 다르다. 중립적인 표현이 쌓일수록, 누군가의 확신이 나올 자리는 줄어든다. 판단은 연기되고, 그 연기는 다시 중립적인 말로 포장된다.

말하지 않는 쪽으로 이동하는 질문들

중립적인 표현이 늘어나면 질문의 형태도 바뀐다. 예전에는 "왜 이 방향이 아닌가요"라는 질문이 나왔다면, 이제는 "다른 가능성은 없을까요"로 바뀐다. 질문 자체는 여전히 존재하지만, 그 방향은 점점 모호해진다. 무엇을 묻고 있는지보다, 묻고 있다는 사실 자체가 중요해진다. 이 변화는 질문이 사라진 것이 아니라, 질문이 조직 안에서 이동했다는 신호다. 공개적인 자리에서는 중립적인 질문만 남고, 날카로운 문제 제기는 개인적인 공간으로 밀려난다. 메신저나 따로 잡은 짧은 대화에서만 진짜 고민이 오간다. 조직 전체가 함께 생각하는 시간은 줄어들고, 각자가 따로 판단하는 시간이 늘어난다.

안전해진 언어, 흐려진 방향

중립적인 표현은 조직을 안전하게 만든다. 누구도 쉽게 공격받지 않고, 말 한마디로 책임을 떠안지 않아도 된다. 하지만 그 안전함 속에서 방향은 조금씩 흐려진다. 모두가 고개를 끄덕였지만, 왜 끄덕였는지에 대한 기억은 남지 않는다.

AI 시대의 조직에서 말이 아껴지는 이유는 단순히 조심스러워졌기 때문이 아니다. 말의 결과를 모두가 알고 있기 때문이다. 그래서 사람들은 중립적인 언어를 선택하고, 그 언어는 조직을 부드럽게 감싼다. 다만 그 과정에서 사라지는 것들이 있다. 분명한 입장, 말의 온도, 그리고 누군가가 먼저 내디뎠던 확신의 흔적들이다. 이 변화는 눈에 띄지 않지만, 많은 조직에서 오늘도 조용히 반복되고 있다.

질문이 줄어든
조직의 공통된 특징

어느 순간부터 회의에서 질문이 눈에 띄게 줄었다. 모두가 고개를 끄덕였고, 자료에 다한 이해도도 높아 보였다. 예전처럼 "이 부분은 왜 이렇게 된 건가요"라는 질문이 튀어나오지 않았다. 회의는 매끄럽게 흘러갔고, 시간도 정확히 맞춰 끝났다. 겉으로 보기에는 성숙해진 조직처럼 보였다. 하지만 회의실을 나서며 남는 감각은 묘했다. 질문이 없었다는 사실이, 오히려 하나의 질문처럼 마음에 남았다.

AI가 조직에 들어온 이후, 질문은 준비 부족의 신호가 아니라는 인식이 자리 잡았다. 모두가 이미 충분히 정보를 알고 있고, 비교와 정리도 끝난 상태에서 질문을 던지는 일은 예전보다 조심스러워졌다. 질문은 이해를 돕기 위한 행위라기보다, 흐름을 멈추는 행동처럼 느껴지기 시작했다. 그래서 사람들은 질문을 떠올리더라도, 그것을 입 밖으로 꺼내기 전에 한 번 더 망설인다.

질문이 사라지는 첫 번째 징후

질문이 줄어든 조직에는 공통된 장면이 있다. 회의 초반에는 모두가 집중하고 있지만, 중반을 지나면서 질문 대신 확인성 발언만 오간다. "정리해주신 내용 이해했습니다", "큰 틀에서는 동의합니다" 같은 말들이 질문을 대신한다. 이 말들은 갈등을 만들지 않고, 책임을 특정하지 않으며, 회의를 부드럽게 이어준다. 이 과정에서 질문은 자연스럽게 밀려난다. 질문은 아직 정리되지 않은 생각을 드러내야 하고, 그 순간 발언자는 잠시 불완전한 상태로 드러난다. AI 도입 이후, 이 불완전함은 기록으로 남을 수 있다는 감각과 결합되면서 더 부담스럽게 느껴진다. 그래서 사람들은 질문을 하지 않는 쪽을 택한다.

질문이 곧 판단으로 이어지는 구조

질문이 줄어든 조직의 또 다른 특징은 질문과 판단 사이의 거리가 짧아졌다는 점이다. 예전에는 질문이 질문으로 남았지만, 이제는 질문이 곧 판단의 출발점처럼 인식된다. "왜 이 안을 선택했나요"라는 질문은 단순한 궁금증이 아니라, 선택의 정당성을 묻는 신호로 받아들여진다. 이 인식은 질문을 무겁게 만든다. 질문을 던지는 순간, 누군가의 판단을 다시 검토하게 만들고, 그 판단에 대한 책임을 호출하게 된다. 그래서 사람들은 질문이 가져올 파장을 먼저 계산한다. 그 계산이 끝나기도 전에, 질문은 마음속에서 조용히 사라진다.

질문이 '조심해야 할 행동'이 되는 순간

AI가 도입된 이후, 질문은 점점 이해를 돕는 도구라기보다 흐름을 흔드는 행동처럼 인식되기 시작했다. 이미 정리된 자료와 추천이 있는 상황에서 질문을 던지는 일은, 괜히 논의를 길게 만들고 판단을 다시 꺼내는 행위로 느껴진다. 그래서 사람들은 질문이 떠올라도 먼저 계산한다. "이 질문이 꼭 필요한가", "지금 꺼내면 일이 복잡해지지 않을까." 이 계산이 끝나기도 전에, 질문은 말이 되지 못한 채 사라진다.

질문이 이동하는 장소

질문이 완전히 사라진 것은 아니다. 다만 그 장소가 바뀌었다. 회의실에서는 질문이 줄어든 대신, 회의가 끝난 뒤 개인적인 대화나 메신저에서 질문이 이어진다. 공식적인 자리에서는 모두가 합의한 것처럼 보이지만, 비공식적인 공간에서는 여전히 많은 질문이 오간다. 이 변화는 조직의 고민이 사라졌다는 뜻이 아니다. 오히려 고민은 더 많아졌을지도 모른다. 다만 그 고민이 공유되는 방식이 달라졌을 뿐이다. 질문은 공개적인 토론의 도구가 아니라, 개인적인 확인의 수단으로 이동했다. 그 결과, 조직 전체가 함께 생각하는 시간은 줄어들고, 각자가 따로 판단하는 시간이 늘어난다.

질문하지 않는 조직의 안정감

질문이 줄어든 조직은 겉으로 보기에는 안정적이다. 회의에서 예상치 못한 방향으로 흐르지 않고, 불필요한 논쟁도 없다. 모두가 준비된 말만 하고, 틀릴 가능성이 낮은 발언만 선택한다. 이 안정감은 조직을 편안하게 만든다. 하지만 이 안정감에는 대가가 따른다. 질문이 줄어들수록, 조직은 새로운 시도를 조심스러워한다. 확신 없는 영역으로 발을 내딛기보다는, 이미 검증된 방향을 반복하는 쪽을 택한다. 질문이 줄어든 조직은 위험을 피하는 데에는 능숙하지만, 가능성을 탐색하는 데에는 점점 둔해진다.

질문이 줄어든다는 신호의 의미

질문이 줄어든 조직의 공통된 특징은, 사람들이 더 이상 생각하지 않아서가 아니라, 생각을 드러내는 방식이 바뀌었다는 점이다. 질문은 여전히 존재하지만, 책임과 연결된 언어가 된 순간부터 조심스러운 행동이 됐다. 그래서 조직은 질문 대신 침묵을 선택하고, 그 침묵은 하나의 합리적인 태도로 받아들여진다.

AI 시대의 조직에서 질문이 줄어드는 현상은 단순한 소통 문제로 볼 수 없다. 그것은 말과 판단, 책임이 서로 더 가까워진 환경에서 나타나는 자연스러운 반응이다. 질문이 사라진 자리에 남은 것은 무관심이 아니라, 과도하게 계산된 조심스러움이다. 많은 조직에서 오늘도 비슷한 장면이 반복된다. 질문은 떠올랐지만, 입 밖으로 나오지 않은 채 다음 안건으로 넘어가는 순간이 조용히 쌓여가고 있다.

AI가 만든 언어와
사람이 쓰는 언어의 차이

어느 순간부터 회사 문서의 문장이 비슷해졌다. 표현은 정돈돼 있었고, 감정은 거의 느껴지지 않았다. 누가 써도 크게 어색하지 않을 문장들이 자연스럽게 이어졌다. 읽는 사람도 편했고, 수정할 부분도 많지 않았다. 그래서 모두가 고개를 끄덕였다. 그런데 이상하게도, 그 문서를 읽고 나면 말이 줄어들었다. 더 할 말이 없어서라기보다, 덧붙일 말이 떠오르지 않았기 때문이다.

AI가 조직에 들어온 이후, 언어는 눈에 띄게 안정됐다. 문장은 중립적이고, 구조는 깔끔하며, 불필요한 표현은 빠져 있다. 문제는 그 언어가 틀리지 않는 대신, 누군가의 생각이 어디에서 시작됐는지를 보여주지 않는다는 점이다. 사람들은 점점 이 언어에 익숙해졌고, 동시에 자신의 말을 꺼내는 데 주저하게 됐다. 이미 충분히 잘 정리된 언어 앞에서, 굳이 다른 말을 보태야 할 이유를 찾기 어려워졌기 때문이다.

잘 정리된 언어가 주는 압박

AI가 만든 언어는 읽는 이를 안심시킨다. 감정이 드러나지 않고, 책임을 특정하지 않으며, 누구의 입장도 과하게 드러내지 않는다. 그래서 그 언어는 안전하다. 하지만 바로 그 안전함이 사람에게는 부담으로 다가온다. 이 문장보다 더 나은 말을 할 수 있을지, 이 표현을 바꿔야 할 이유가 있는지 스스로에게 묻게 된다. 사람이 말을 꺼내기 전에 느끼는 부담은 여기서 시작된다. AI의 언어는 이미 평균적으로 최적화된 상태처럼 보이기 때문에, 그 위에 자신의 언어를 얹는 일은 위험하게 느껴진다. 말 한마디가 비교 대상이 되고, 그 비고는 곧 판단으로 이어질 것이라는 감각이 따라온다. 그래서 사람들은 말을 고르기보다, 말을 줄이는 쪽을 선택한다.

말을 하기 전에 먼저 고쳐 쓰게 되는 순간

AI가 만든 언어가 기준이 되면서, 사람들은 말을 꺼내기 전에 이미 한 번 고쳐 쓴다. 이 표현이 너무 개인적이지 않은지, 이 감정이 불필요하게 보이지는 않는지 스스로 점검한다. 그 과정에서 말은 점점 정제되거나, 아예 입 밖으로 나오지 않는다. 이렇게 언어는 사라지기보다, 말하기 전 단계에서 멈추기 시작한다.

사람이 쓰는 언어의 다른 역할

사람이 쓰는 언어는 본래 완벽하지 않다. 망설임이 섞여 있고, 문장이 다소 거칠기도 하며, 말하는 사람의 위치와 감정이 자연스럽게 드러난다. 그 불완전함은 오히려 맥락을 전달한다. 왜 이 이야기를 지금 꺼냈는지, 무엇이 걸려 있는지, 어떤 고민 끝에 나온 말인지를 함께 전한다. 하지만 AI가 만든 언어가 기준이 되면서, 이런 언어는 점점 조심스러워진다. 사람의 말은 설명이 필요해지고, 감정이 섞인 표현은 관리해야 할 요소가 된다. 그 결과, 사람은 자신의 언어를 다듬기 시작한다. 말은 점점 중립적으로 변하고, 문장은 길어지며, 핵심은 흐릿해진다.

언어의 차이가 만드는 침묵

AI의 언어와 사람의 언어가 같은 공간에 놓이면, 침묵은 자연스러운 선택이 된다. 이미 정리된 문장이 있는데, 굳이 불완전한 말을 꺼낼 이유가 없다고 느끼기 때문이다. 특히 공식적인 자리일수록, 사람들은 AI의 언어를 기준으로 삼는다. 그 기준에 미치지 못할 것 같은 말은 마음속에서 멈춘다. 이 침묵은 무관심에서 비롯된 것이 아니다. 오히려 상황을 충분히 이해하고 있기 때문에 생긴다. 사람들은 말이 어떤 파장을 낳을지 알고 있고, 그 파장을 감당할 준비가 되어 있지 않을 때는 침묵을 선택한다. AI의 언어는 그 침묵을 더 합리적으로 보이게 만든다.

기록으로 남는 말, 사라지는 말

AI가 만든 언어는 기록에 적합하다. 정리돼 있고, 오해의 여지가 적으며, 나중에 다시 읽어도 의미가 크게 바뀌지 않는다. 반면 사람이 쓰는 언어는 순간의 맥락에 의존한다. 그때의 분위기와 표정, 말의 온도가 함께 전달되지 않으면, 기록으로 남았을 때 다른 의미로 읽힐 수 있다. 이 차이를 모두가 인식하게 되면서, 사람들은 기록으로 남을 말과 그렇지 않은 말을 구분하기 시작했다. 기록으로 남을 말은 최대한 AI의 언어에 가깝게 만들고, 그렇지 않은 말은 아예 꺼내지 않거나 개인적인 자리로 옮긴다. 그 결과, 공식적인 공간에는 점점 AI의 언어만 남게 된다.

언어가 바뀌면 조직의 공기도 바뀐다

AI가 만든 언어가 늘어날수록, 조직의 공기는 차분해진다. 감정의 기복이 줄고, 회의는 예측 가능한 방향으로 흐른다. 하지만 그 안에서 사람의 언어가 설 자리는 점점 줄어든다. 말의 온도가 낮아질수록, 서로의 생각을 가늠하는 데 더 많은 시간이 필요해진다. 이 변화는 조직이 나빠졌다는 신호는 아니다. 다만 언어를 사용하는 방식이 달라졌다는 뜻이다. AI의 언어는 효율과 안정성을 제공하고, 사람의 언어는 맥락과 책임을 드러낸다. 두 언어가 공존하는 공간에서, 사람들은 어떤 말을 선택할지 끊임없이 계산하게 된다. 그 계산 끝에 선택된 것이 바로 침묵이다.

AI 시대의 조직에서 말이 아껴지는 이유는, 사람들이 더 이상 말할 것이 없어서가 아니다. 말의 기준이 달라졌고, 그 기준 앞에서 사람의 언어는 더 많은 용기를 요구하게 됐다. 그래서 조직은 조용해진

다. 그 조용함 속에는 생각이 사라진 것이 아니라, 말하기 전의 수많
은 망설임이 겹겹이 쌓여 있다.

05

침묵이 선택이 되는 순간
조직은 어떻게 변하는가

어느 날부터 회의가 끝나도 여운이 남지 않기 시작했다. 모두가 고개를 끄덕였고, 큰 이견도 없었으며, 정해진 시간 안에 깔끔하게 마무리됐다. 회의실 문을 나서며 누군가는 "오늘은 문제없이 끝났네"라고 말했다. 그런데 이상하게도, 그 말 뒤에는 안도감보다 허전함이 남았다. 말하지 않은 것이 많았다는 감각이 뒤늦게 따라왔다. 이때부터 조직 안에서는 침묵이 단순한 결과가 아니라, 하나의 선택처럼 느껴지기 시작했다.

AI가 조직에 들어온 이후, 사람들은 말의 결과를 더 또렷하게 인식하게 됐다. 한마디의 발언이 기록으로 남고, 그 기록이 다시 판단의 근거로 호출되는 경험이 반복되면서, 말은 가볍게 던질 수 있는 것이 아니게 됐다. 이 변화 속에서 침묵은 점점 합리적인 태도로 자리 잡았다. 말하지 않음으로써 책임을 만들지 않고, 불필요한 오해를 피하며, 조직의 흐름을 해치지 않는 선택으로 받아들여진 것이다.

침묵이 안전해지는 구조

침묵이 선택이 되는 조직에는 공통된 구조가 있다. 발언이 곧 판단으로 이어지고, 그 판단이 개인의 책임으로 귀속되는 환경에서는 말의 비용이 높아진다. 반면 침묵은 비용이 거의 들지 않는다. 아무 말도 하지 않으면 틀릴 가능성도 없고, 나중에 설명해야 할 이유도 남지 않는다. 이 구조 안에서 사람들은 점점 학습한다. 꼭 필요하지 않은 말은 하지 않는 것이 안전하다는 것을. 그 결과, 회의에서는 모두가 알고 있는 내용만 확인되고, 이미 정리된 방향에 대한 재확인만 반복된다. 침묵은 소극적인 태도가 아니라, 가장 합리적인 선택으로 인식된다.

말하지 않는 사람들이 늘어날 때 생기는 변화

침묵이 선택이 되면 조직의 표정은 차분해진다. 회의에서 감정이 드러나는 일은 줄어들고, 논쟁도 자연스럽게 사라진다. 겉으로 보기에는 안정적인 조직처럼 보인다. 모두가 조심스럽고, 큰 충돌 없이 일을 이어간다. 하지만 그 안정감 속에서 변화는 다른 방향으로 나타난다. 말하지 않는 사람이 늘어날수록, 의견의 스펙트럼은 좁아진다. 다양한 관점이 사라지고, 비슷한 판단만 반복된다. 조직은 틀리지 않는 선택을 하는 데에는 익숙해지지만, 새로운 가능성을 탐색하는 데에는 점점 둔해진다. 이렇게 침묵이 쌓일수록 조직은 안전해 보이지만, 동시에 스스로 움직일 힘을 조금씩 잃어간다.

침묵이 만들어내는 보이지 않는 합의

침묵이 쌓이면, 조직 안에는 보이지 않는 합의가 형성된다. 아무도 반대하지 않았다는 이유로, 모두가 동의한 것처럼 보이는 상태가 만들어진다. 실제로는 각자의 생각이 다를 수 있지만, 그 차이는 드러나지 않는다. 이 보이지 않는 합의는 조직을 빠르게 움직이게 만들기도 한다. 하지만 동시에, 결정에 대한 주인의식은 희미해진다. 누가 이 방향을 원했는지, 왜 이 선택이 나왔는지에 대한 기억이 남지 않는다. 문제가 생겼을 때, 책임을 되짚기 어려워지는 이유도 여기에서 비롯된다.

침묵 속에서 이동하는 판단

침묵이 선택이 된 조직에서는 판단이 사라지지 않는다. 다만 그 판단이 이동한다. 공개적인 자리에서는 침묵이 유지되고, 실제 판단은 회의 이후의 개인적인 공간에서 이뤄진다. 메신저, 짧은 통화, 비공식적인 대화 속에서 각자의 생각이 조용히 교환된다. 이 방식은 갈등을 줄이는 데에는 효과적이지만, 조직 전체가 함께 고민하는 시간을 줄인다. 판단은 흩어지고, 그 결과를 공유할 기회는 줄어든다. 조직은 조용해졌지만, 생각은 더 분산된다.

침묵이 리더십에 미치는 영향

침묵이 일상화된 조직에서는 리더의 역할도 달라진다. 적극적인 의견을 끌어내기보다는, 조용한 합의를 관리하는 쪽으로 무게가 이동한다. 리더 역시 말을 아끼게 되고, 확정적인 표현보다는 중립적인 문장을 선택한다. 이 과정에서 리더십은 눈에 띄지 않게 변한다. 방향을 강하게 제시하기보다는, 안전한 선택을 유지하는 역할이 강조된다. 리더가 약해졌다고 느껴지기보다는, 리더 역시 같은 환경 속에서 같은 계산을 하고 있다는 사실이 드러난다.

침묵이 남기는 조직의 감각

침묵이 선택이 된 조직에서 가장 크게 달라지는 것은 일의 감각이다. 모두가 바쁘게 움직이고 있지만, 결정의 순간에서는 한 박자 늦춰진다. 확신보다는 안전을, 도전보다는 관리에 가까운 선택이 늘어난다. 이 변화는 조직이 잘못 가고 있다는 신호는 아니다. 다만 AI 시대의 환경에 적응하는 과정에서 나타나는 자연스러운 반응이다. 말의 무게가 달라졌고, 그 무게를 모두가 인식하고 있기 때문에 침묵은 하나의 전략이 된다.

침묵이 선택이 되는 순간, 조직은 조용해진다. 하지만 그 조용함 속에는 무관심이 아니라 계산과 망설임이 있다. 사람들은 생각하지 않아서 말하지 않는 것이 아니라, 너무 많이 생각하기 때문에 말을 아낀다. 이 장면은 특별하지 않다. 많은 조직에서, 오늘도 비슷한 침묵이 반복되고 있다. 말하지 않기로 한 선택이, 또 하나의 조직 문화를 만들어가고 있다.

AI 시대의 시선 _ 말과 침묵

AI가 조직에 들어온 뒤, 말은 사라진 것이 아니라 자리를 옮겼다. 회의실에서는 발언이 줄었지만, 사람들의 머릿속에서는 오히려 더 많은 문장이 만들어지고 있다. 무엇을 말할지보다, 말하지 않았을 때 생기는 결과를 먼저 떠올리게 되었기 때문이다. 이 변화는 소통의 감소가 아니라, 말의 무게가 달라졌다는 신호에 가깝다.

현장에서 가장 자주 보이는 장면은 조용한 합의다. 누구도 강하게 주장하지 않았지만, 모두가 고개를 끄덕인 채 다음 단계로 넘어간다. 이때의 침묵은 무관심이 아니라 계산된 선택이다. 발언이 곧 판단과 책임으로 이어진다는 인식이 공유되면서, 말은 조심스럽게 다뤄지고 침묵은 안전한 태도로 받아들여진다.

중립적인 표현이 늘고 질문이 줄어든 조직에서는, 갈등이 눈에 띄게 줄어든다. 회의는 부드럽고 예측 가능하게 흘러가며, 불필요한 충돌도 없다. 대신 그 자리를 채우는 것은 확신 없는 동의와 설명되지 않은 합의다. 모두가 틀리지 않으려는 방향으로 움직이면서, 누군가 먼저 방향을 선명하게 제시하는 순간은 드물어진다.

말과 침묵의 균형이 바뀌면, 조직의 속도도 함께 달라진다. 겉으로는 빨라진 것처럼 보이지만, 결정의 핵심에서는 한 박자 늦춰진다. 사람들은 알고 있다. 한 번 꺼낸 말은 사라지지 않고, 기록으로 남아 다시 돌아온다는 것을. 그래서 말은 신중해지고, 침묵은 하나의 전략이 된다.

AI가 만든 언어가 기준이 되면서, 사람의 언어는 더 많은 용기를 요구하게 됐다. 완벽하게 정리된 문장 앞에서, 불완전한 생각을 드러내는 일은 부담이 된다. 그 부담은 사람들을 조용하게 만들지만, 동시에 생각을 더 깊게 만든다. 말하지 않은 생각들은 사라지지 않고, 각자의 자리에서 계속 이어진다.

AI 시대의 조직에서 침묵은 실패의 신호가 아니다. 그것은 환경에 적응한 소통 방식이다. 다만 그 침묵이 길어질수록, 조직은 스스로에게 질문을 던져야 한다. 지금의 조용함이 성숙한 판단에서 나온 것인지, 아니면 책임을 피하기 위한 선택인지에 대해서다.

말이 줄어든 자리에 남은 것은 공백이 아니라, 새로운 인식이다. 말과 침묵 사이에서 균형을 다시 찾으려는 움직임이 조직 곳곳에서 조용히 이어지고 있다. AI 시대의 현장은 여전히 사람이 중심이다. 다만 그 사람은 예전보다 덜 말하고, 더 오래 생각하는 방식으로 그 자리를 지키고 있을 뿐이다.

5장

역할은 왜 흐려지고
책임은 왜 위로
올라가는가

01

일이 사라진 게 아니라
경계가 사라졌다

아침에 출근해 자리에 앉았을 때, 해야 할 일이 사라진 느낌은 아니다. 메일은 여전히 쌓여 있고, 메신저 알림도 끊이지 않는다. 그런데 막상 일을 시작하려고 하면 예전보다 한 번 더 멈추게 된다. 이 일을 내가 해도 되는지, 아니면 누군가의 판단을 먼저 거쳐야 하는지, 혹시 내가 나섰다가 책임을 떠안게 되는 건 아닌지 잠깐 계산하게 된다. AI가 들어온 뒤 회사에서 가장 자주 들리는 말은 "일이 없어졌다"가 아니라 "이건 누가 하는 거죠?"라는 질문이 되었고, 그 질문이 늘어날수록 조직의 움직임은 묘하게 느려지기 시작했다.

일이 사라진 게 아니라, 경계가 흐려진 순간

AI가 도입되면서 많은 업무가 정리되고 단순화되었다는 이야기를 듣는다. 하지만 현장에서 느끼는 변화는 조금 다르다. 일 자체가 줄었다기보다, 일이 어디서 시작되고 어디서 끝나는지 경계가 희미해졌다. 예전에는 "이 정도면 내가 판단해도 된다"는 암묵적인 선이 있었다. 경험과 직급, 역할에 따라 자연스럽게 정해진 영역이었다. 그런데 AI가 중간에 끼어들면서 그 선이 눈에 보이지 않게 되었다. 자료는 자동으로 정리되고, 선택지는 깔끔하게 제시되지만, 그 선택을 '확정'하는 순간의 책임은 누구에게 있는지 명확하지 않다. 그래서 사람들은 일을 하면서도 계속해서 선을 확인하게 된다. 이 선을 넘는 순간 문제가 생기지는 않을지, 혹시 너무 앞서간 건 아닐지 조심스러워진다.

'이건 누가 해야 하는 일인가'라는 질문의 증가

회의실이 아니라 복도, 메신저, 짧은 통화 속에서 이 질문은 반복된다. 이전에는 굳이 묻지 않아도 흘러가던 일들이 이제는 매번 확인 대상이 된다. 실무자는 스스로 판단하기보다 한 번 더 공유하려 하고, 관리자는 그 공유를 받았을 때 쉽게 답을 내리지 못한다. 왜냐하면 그 판단이 곧 책임으로 연결된다는 걸 모두가 알고 있기 때문이다. AI가 제안한 방향이 있다는 사실은 오히려 판단을 더 어렵게 만든다. "이미 이렇게 정리되어 있는데 내가 다른 결정을 내려도 되는가"라는 망설임이 생기고, 그 망설임은 다시 질문으로 돌아온다. 질문이 늘어난다는 것은 조직이 신중해졌다는 의미일 수도 있지만, 동시에 각자의 역할이 명확하지 않다는 신호이기도 하다.

판단의 주체가 흐려질 때 느끼는 불안

판단의 주체가 분명할 때 사람은 책임을 감당할 준비를 한다. 하지만 판단의 근거가 사람과 시스템 사이 어딘가에 걸쳐 있을 때, 책임은 갑자기 무거워진다. 실무자는 "AI가 이렇게 정리했어요"라는 말을 덧붙이며 한 발 물러서고, 관리자는 그 말 앞에서 쉽게 결정을 내리지 못한다. 잘되면 시스템 덕분이고, 문제가 생기면 사람이 책임져야 하는 구조 속에서 누구도 선뜻 중심에 서려고 하지 않는다. 이때 조직 안에는 설명하기 어려운 긴장이 생긴다. 모두가 일을 하고 있지만, 동시에 모두가 조금씩 피하고 있는 상태다. 이 불안은 개인의 성향 문제가 아니라 구조가 만들어낸 감정이다.

책임이 위로 올라가는 자연스러운 경로

결국 이 불안은 책임의 이동으로 이어진다. 판단을 내릴수록 리스크가 커진다고 느껴질 때, 사람들은 그 판단을 더 위로 올린다. 실무자는 팀장에게, 팀장은 임원에게, 임원은 다시 위원회나 공식 절차로 넘긴다. 그 과정에서 결정은 점점 늦어지고, 조직은 점점 조심스러워진다. 중요한 건 이 현상이 누군가의 의도적인 회피라기보다, 모두가 합리적으로 행동한 결과라는 점이다. 각자 자신의 위치에서 가장 안전한 선택을 했을 뿐인데, 그 선택들이 모여 조직 전체를 느리게 만든다. AI는 효율을 높이기 위해 들어왔지만, 책임의 흐름이 바뀌면서 아이러니하게도 결정의 속도는 떨어진다.

AI 도입 전후 성과 판단 기준의 변화

구 분	이전 구조	AI 도입 이후
일의 경계	경험·직급 기반	시스템·결과 중심
판단 주체	역할별 분산	상위로 집중
실무자의 태도	판단 후 실행	공유 후 대기
관리자의 역할	방향 제시	책임 조율
책임의 흐름	아래로 분산	위로 이동
조직의 속도	빠른 결정	신중한 지연

구조가 바뀌면 사람의 태도도 달라진다

이런 구조 속에서 사람들은 점점 자신의 역할을 좁게 정의하기 시작한다. "여기까지는 제 일이고, 그 이상은 아닙니다"라는 태도가 자연스럽게 자리 잡는다. 적극적으로 나서기보다는, 경계를 지키는 것이 능력처럼 여겨진다. 누군가는 이것을 책임감이 줄어든 모습이라고 말할지 모르지만, 현장에서는 생존 전략에 가깝다. 책임의 기준이 모호해질수록 사람은 자신의 안전한 영역을 먼저 확보하려 한다. 그 결과 조직은 개인의 의지가 아니라 구조에 의해 움직이게 된다. 이 장면에서 우리는 깨닫게 된다. 지금 벌어지고 있는 변화는 사람이 변해서가 아니라, 구조가 변했기 때문에 나타난다는 사실을.

이쯤에서 독자는 자연스럽게 느낄 것이다. 이 이야기는 특정 부서나 특정 회사의 문제가 아니라는 것을. AI가 들어온 회사라면 누구나 겪고 있는 장면이고, 우리가 불편하게 느꼈던 질문들이 사실은 구조 변화의 신호였다는 것을. 그래서 이 장은 사람의 태도를 비판하기보다, 그 태도를 만들어낸 구조를 바라보게 한다. 일이 사라진 것이 아니라 경계가 사라졌고, 그 경계의 빈자리를 어떻게 다시 정의할 것인가가 이제 조직 앞에 놓인 질문이다.

02

'이건 누가 해야 하는 일인가'라는
질문의 증가

업무를 하다 보면 어느 순간부터 같은 질문이 반복된다는 걸 느끼게 된다. 그 질문은 대단히 복잡하지도, 공격적이지도 않다. 다만 이전보다 훨씬 자주, 훨씬 조심스럽게 등장한다. "이건 누가 해야 하는 일인가." 이 질문은 책임을 회피하려는 신호처럼 보이기도 하지만, 현장에서 오래 관찰해 보면 오히려 그 반대에 가깝다. 사람들은 일을 피하려는 게 아니라, 잘못된 책임을 떠안지 않기 위해 멈춰 서기 시작한 것이다. AI가 들어온 뒤 회사에서 늘어난 질문은 새로운 일을 묻는 질문이 아니라, 일의 소속을 확인하는 질문이라는 점이 이 변화를 가장 잘 보여준다.

질문이 늘어난다는 건 기준이 사라졌다는 신호

과거에는 많은 일이 명확한 기준 없이도 굴러갔다. 기준이 없었다기보다, 말로 적지 않아도 모두가 알고 있는 선이 있었다. 어느 정도까지는 실무자가 판단해도 되고, 어느 선부터는 상위 결재가 필요하다는 감각이 조직 안에 자연스럽게 자리 잡고 있었다. 하지만 AI가 업무 과정 중간에 개입하면서 이 선은 눈에 보이지 않게 되었다. 자료를 정리하고 선택지를 제시하는 과정이 자동화되자, 판단의 출발점이 사람이 아니라 시스템에서 시작된 것처럼 느껴지기 시작했다. 그 순간부터 기존의 기준은 작동하지 않는다. 사람들은 더 이상 "이 정도면 내가 해도 된다"라고 말하기 어려워지고, 대신 질문으로 그 공백을 메운다.

질문은 책임을 미루기보다 확인하려는 행동

현장에서 이 질문이 던져지는 장면을 보면, 그것이 단순한 회피가 아니라는 걸 알 수 있다. 실무자는 자신의 판단이 조직의 기준에서 벗어나지 않는지 확인하고 싶어 하고, 관리자는 그 질문 앞에서 쉽게 답을 내리지 못한다. AI가 이미 제안한 결과가 존재하는 상황에서는, 그 결과를 그대로 따르는 것도, 수정하는 것도 모두 판단이 된다. 문제는 그 판단의 책임이 어디까지 개인에게 귀속되는지 명확하지 않다는 데 있다. 그래서 질문은 늘어난다. 이 질문은 일을 하지 않겠다는 선언이 아니라, 책임의 위치를 분명히 하고 싶다는 요청에 가깝다.

판단의 주체가 흐려질수록 질문은 안전한 선택이 된다

판단을 내리는 순간, 사람은 책임을 감수해야 한다. 하지만 판단의 근거가 사람과 AI 사이에 걸쳐 있을 때, 그 책임은 갑자기 불균형해진다. 결과가 좋을 떠는 시스템의 공이 되고, 문제가 생기면 사람의 판단이 된다. 이 구조를 경험한 사람일수록, 스스로 판단하기보다 질문을 선택하게 된다. 질문은 그 자체로 판단을 유예하는 가장 안전한 방식이기 때문이다. 그래서 조직 안에서는 질문이 많아질수록, 결정은 늦어지고, 그 늦어짐이 다시 질문을 부르는 순환이 만들어진다. 이는 개인의 소극성이 아니라 구조가 만든 합리적인 반응이다.

🤖 AI 도입 이후 조직에서 질문의 성격이 바뀌는 방식

구 분	이전 조직의 질문	AI 도입 이후
질문의 목적	바른 실행	책임 확인
질문의 대상	같은 역할의 동료	상위 관리자
질문의 표현	'이렇게 하겠습니다'	'이렇게 해도 될까요'
질문의 빈도	필요할 때만	거의 모든 판단 전에
질문의 결과	즉시 결정	판단 유예
조직의 반응	속도 중시	안전 중시

질문이 위로 올라갈수록 책임도 함께 이동한다

"이건 누가 해야 하나요"라는 질문은 대개 한 단계 위로 올라간다. 팀 내에서 해결되지 않으면 팀장을 거치고, 팀장을 지나면 더 상위의 판단을 기다리게 된다. 그 과정에서 질문은 점점 정제되고, 표현은 중립적으로 바뀐다. 책임을 지지 않기 위한 언어가 아니라, 책임을 정확히 묻기 위한 언어가 선택되는 것이다. 하지만 이 흐름이 반복되면, 조직은 자연스럽게 책임을 위로 밀어 올리는 구조를 갖게 된다. 실무자는 실행자가 되고, 관리자는 판단을 조율하는 위치에 머문다. 그 결과, 결정은 점점 느려지고, 모두가 신중해진다.

질문이 많아진 조직의 또 다른 변화

질문이 많아진 조직에서는 의외로 갈등이 줄어든다. 모두가 조심스럽고, 모두가 상대의 영역을 넘지 않으려 하기 때문이다. 하지만 동시에 활발한 논의도 줄어든다. 질문은 많아졌지만, 주장은 줄어든다. 누군가의 판단이 곧 책임으로 연결된다는 감각이 강해질수록, 사람들은 자신의 생각을 제안이 아닌 질문의 형태로 바꾼다. "이렇게 해도 될까요"라는 말은 안전하지만, 그만큼 조직의 에너지는 낮아진다. 이 역시 개인의 성향 문제가 아니라, 판단과 책임이 연결되는 구조가 바뀌었기 때문에 나타나는 현상이다.

구조를 바꾸지 않으면 질문은 더 늘어난다

이 장면에서 중요한 것은 질문을 줄이자는 결론이 아니다. 질문이 늘어나는 현상은 이미 구조가 변했다는 신호이기 때문이다. 역할과 책임의 경계가 다시 정리되지 않는 한, 질문은 더 늘어날 수밖에 없다. AI는 일을 대신해 주었지만, 판단의 기준까지 대신해 주지는 않는다. 그 기준을 조직이 다시 세우지 않으면, 사람들은 계속해서 질문을 통해 스스로를 보호하려 할 것이다. 그래서 이 질문은 사소해 보이지만, 조직 구조의 변화가 표면 위로 드러난 징후다.

"이건 누가 해야 하는 일인가"라는 질문은 책임을 피하려는 말이 아니다. 기준이 흐려진 조직 안에서 사람들이 선택한 가장 현실적인 언어에 가깝다. 이 질문이 반복될수록 판단은 위로 이동하고, 조직의 움직임은 더 신중해진다. 이는 개인의 태도 문제가 아니라, 역할의 경계가 달라진 구조에서 비롯된 변화다.

03

실무자가 점점
조심스러워지는 구조

업무를 오래 해 온 실무자일수록 요즘 자신의 태도가 조금 달라졌다는 걸 느낀다. 일을 대하는 자세가 느슨해진 것도 아니고, 책임을 피하려는 마음이 커진 것도 아니다. 오히려 그 반대다. 실무자들은 이전보다 더 꼼꼼해졌고, 더 많은 확인을 거친다. 그런데 그 과정이 늘어날수록 행동은 조심스러워지고, 결정은 늦어진다. AI가 들어온 뒤 실무자들이 가장 크게 바뀐 지점은 능력이나 의지가 아니라, 움직이는 방식이다.

조심스러움이 개인 성향처럼 보이기 시작한 이유

실무자가 조심스러워졌다는 말을 들으면 흔히 책임감이 줄었다거나, 적극성이 떨어졌다고 해석하기 쉽다. 하지만 현장을 자세히 들여다보면 전혀 다른 그림이 보인다. 실무자들은 여전히 일을 해내고 싶어 한다. 다만 그 일을 어떻게 시작해야 하는지, 어디까지 나서야 하는지 판단하기가 어려워졌을 뿐이다. AI가 업무 과정에 들어오면서 자료 정리와 방향 제시는 자동으로 이루어지지만, 그 다음 단계인 "결정"은 여전히 사람의 몫으로 남아 있다. 문제는 그 결정이 더 이상 개인의 판단으로 존중되지 않는 구조가 되었다는 점이다.

판단과 책임이 한순간에 묶이는 구조

예전에는 실무자가 내린 판단이 문제가 되더라도 "현장에서 그렇게 판단했다"는 말로 설명이 가능했다. 하지만 지금은 다르다. AI가 제안한 결과가 존재하는 상황에서 다른 판단을 내리는 순간, 실무자는 스스로 그 선택을 설명해야 한다. 왜 그 방향을 택했는지, 왜 시스템의 제안을 그대로 따르지 않았는지에 대한 질문이 따라온다. 이때 실무자는 자연스럽게 한 발 물러선다. 판단을 하지 않으면 설명할 필요도 없기 때문이다. 이렇게 조심스러움은 개인의 성격이 아니라, 판단과 책임이 강하게 묶인 구조에서 비롯된다.

공유가 늘어난 대신 사라진 것

AI 도입 이후 실무자의 행동에서 가장 눈에 띄는 변화는 공유의 증가다. 메신저와 메일에는 "이렇게 정리해 봤습니다", "한 번 봐주실 수 있을까요"라는 문장이 자주 등장한다. 겉으로 보면 협업이 늘어난 것처럼 보이지만, 실제로는 판단을 미루는 과정이 늘어난 것이다. 실무자는 결정을 내려 실행하기보다, 중간 결과를 공유하고 다음 단계를 기다린다. 이는 일을 미루기 위한 선택이 아니라, 책임을 혼자

짊어지지 않기 위한 선택이다. 공유가 많아질수록 결정은 위로 올라
가고, 실무자의 역할은 점점 실행자로 한정된다.

🤖 AI 도입 이후 실무자의 행동 방식이 바뀌는 구조

구 분	이전의 실무자 행동	AI 도입 이후의 실무자 행동
판단 방식	스스로 결정 후 실행	공유 후 판단 대기
일의 시작	필요하면 바로 착수	기준 확인부터 시작
커뮤니케이션	결과 보고 중심	중간 과정 공유
리스크 인식	경험으로 감내	책임 회피 경향
업무 태도	적극적 시도	신중한 보수성
조직 내 위치	판단 주체	실행 담당

기준이 흐려진 환경에서 생기는 불안

조심스러움은 단순히 책임에 대한 두려움만으로 생기지 않는다.
실무자들은 자신의 판단이 조직에서 어떻게 평가될지 예측하기 어
려워졌다고 느낀다. AI가 만든 결과와 다른 선택을 했을 때, 그 판단
이 창의적인 시도로 받아들여질지, 불필요한 위험으로 평가될지 알
기 어렵다. 기준이 명확하지 않을수록 사람은 안전한 선택을 한다.
그 안전한 선택이란 대부분 "판단하지 않는 것"이다. 이렇게 실무자
는 점점 더 조심스럽게 움직이고, 그 조심스러움은 조직 전체의 속도
를 바꾼다.

조심스러움이 조직의 리듬이 되는 순간

이러한 태도가 개인 차원에서 끝난다면 큰 문제는 아닐 수 있다. 하지만 이 조심스러움이 조직 전반으로 확산되면, 그것은 하나의 구조가 된다. 실무자는 판단을 올리고, 관리자는 조율에 집중하며, 결정은 상위에서만 이루어진다. 이 구조가 굳어질수록 실무자는 스스로 판단하는 경험을 쌓기 어려워지고, 조직은 더 많은 질문과 더 적은 결정을 반복하게 된다. 이 과정에서 누구도 게을러지지 않았지만, 조직은 점점 무거워진다. 조심스러움은 선택이 아니라 생존 방식이 되고, 그 순간부터 구조는 쉽게 움직이지 않는다.

태도를 요구하기 전에 봐야 할 것

중요한 점은 이 즈심스러움을 개인의 태도 문제로 해결하려 해서는 안 된다는 것이다. "좀 더 적극적으로 해보라"는 말은 구조를 바꾸지 않는 한 효과가 없다. 실무자가 조심스러워진 이유는 명확하다. 판단의 기준이 흐려졌고, 책임의 귀속이 불분명해졌기 때문이다. 이 구조가 유지되는 한, 실무자는 앞으로도 더 조심스러워질 것이다. 그래서 여기서 보이는 변화는 사람의 마음가짐이 아니라, 조직이 만들어낸 행동의 결과다. 사람을 바꾸기보다 구조를 바라봐야 하는 이유가 바로 여기에 있다.

이런 조심스러움기 반복되다 보면, 조직 안에서 판단과 책임이 머무는 위치도 서서히 달라진다. 결정은 점점 특정 자리에서만 내려지는 것처럼 인식되고, 실행에 가까운 사람일수록 한 발 물러서는 태도가 굳어진다. 누가 나서야 하는지가 명확하지 않을수록, 결정은 자연스럽게 위로 모이고, 그 흐름은 특별한 변화 없이도 일상의 업무 방식으로 자리 잡는다. 이렇게 만들어진 리듬은 개인의 성향이 아니라, 조직 구조가 자연스럽게 만들어낸 결과에 가깝다.

중간관리자가
가장 불안해지는 이유

중간관리자는 원래 조직에서 가장 바쁜 자리였다. 위에서는 방향과 기준을 내려 보내고, 아래에서는 상황과 결과를 끌어올리는 역할을 맡았다. 일이 많고 책임도 컸지만, 적어도 자신이 조직 안에서 어떤 위치에 서 있는지는 비교적 분명했다. 그런데 AI가 들어온 뒤, 이 자리는 바쁘기보다 불안해졌다. 해야 할 일이 사라진 것도 아니고, 권한이 갑자기 줄어든 것도 아닌데, 판단을 내릴수록 마음이 무거워진다. 중간관리자가 느끼는 이 불안은 개인의 역량이나 리더십 문제라기보다, 구조가 타뀌면서 가장 먼저 압박을 받는 자리의 특성에서 비롯된다.

위와 아래가 동시에 흐려지는 위치

중간관리자는 왼래 위와 아래를 연결하는 기준점이었다. 실무자가 어디까지 판단해도 되는지, 어떤 사안은 더 올려야 하는지 조정하는 역할을 했다. 하지만 AI가 업무 흐름 중간에 들어오면서 이 기준이 흔들린다. 실무자는 판단을 확정하기보다 상황과 자료를 위로 전달하고, AI는 여러 선택지를 동시에 제시한다. 이 둘 사이에서 중간관리자는 결정을 내려야 하는 위치에 서게 된다. 문제는 그 결정의 근거가 이전보다 훨씬 복잡해졌다는 점이다. 사람의 경험과 감각만으로 설명하기 어려운 상황에서, 중간관리자는 위와 아래 어느 쪽에도 명확히 기대기 어려워진다.

판단을 할수록 커지는 부담

중간관리자는 결정을 내리는 사람이다. 그런데 AI 도입 이후, 결정은 더 이상 단순한 선택이 아니다. AI가 정리한 결과가 있는 상황에서 다른 판단을 내리면, 그 이유를 설명해야 한다. 반대로 AI의 제안을 그대로 따르더라도, 문제가 생기면 책임은 사람에게 돌아온다. 이 구조 속에서 중간관리자는 어떤 선택을 해도 부담을 느낀다. 판단을 미루면 조직의 속도가 느려지고, 판단을 내리면 책임의 무게가 커진다. 그래서 중간관리자는 점점 더 신중해지고, 그 신중함이 불안으로 이어진다.

실무자의 질문이 몰리는 자리

앞에서 살펴본 것처럼, 실무자들은 점점 더 질문을 던진다. "이건 누가 해야 하나요", "여기까지 해도 될까요"라는 질문은 대부분 중간관리자에게 향한다. 이 질문들은 단순한 확인이 아니라, 판단을 요청하는 신호다. 중간관리자는 이 질문에 답해야 하지만, 동시에 그 답이 조직의 기준으로 작동할 수 있다는 사실을 알고 있다. 그래서 쉽게 말하지 못한다. 질둔이 많아질수록 중간관리자는 더 많은 판단을 떠안게 되고, 그 판단 하나하나가 쌓여 불안으로 남는다.

위에서는 기준을 요구하고, 아래에서는 보호를 기대한다

중간관리자가 가장 어려움을 느끼는 순간은 위와 아래의 기대가 동시에 작동할 때다. 위에서는 명확한 기준과 책임 있는 결정을 요구한다. 아래에서는 실무자를 보호해 주기를 기대한다. 이 두 요구는 동시에 충족되기 어렵다. AI가 제시한 결과를 기준으로 삼으면 실무자는 안전해질 수 있지단, 그 선택의 책임은 중간관리자어게 남는다. 반대로 실무자의 판단을 존중하면, 상위에서는 관리의 부재로 보일 수 있다. 이 사이에서 중간관리자는 자신의 역할이 점점 모호해진다고 느낀다.

조율자의 역할이 흔들리는 순간

중간관리자는 원래 조율자였다. 하지만 판단의 기준이 흐려지고, 책임이 위로 이동하는 구조 속에서 조율은 점점 부담스러운 일이 된다. 조율이란 각자의 역할과 한계를 명확히 하는 작업인데, 그 경계 자체가 사라지고 있기 때문이다. 중간관리자는 어느 순간부터 조율자가 아니라, 책임을 걸러내는 필터처럼 느껴진다. 이 역할 변화는 중간관리자의 정체성에도 영향을 준다. 자신이 조직에서 어떤 가치를 제공하고 있는지 스스로 설명하기 어려워지는 순간, 불안은 더 커진다.

🤖 AI 도입 이후 중간관리자의 역할 위치 변화

구 분	이전의 중간관리자	AI 도입 이후 중간관리자
주요 역할	판단 기준 전달	판단 책임 조율
위와의 관계	방향 수신	기준 설명 요구
아래와의 관계	지시·코칭	보호·대변
판단의 근거	경험·조직 관행	시스템 결과 + 설명
실패 시 책임	조직 분산	개인 집중
체감 압박	업무 과중	판단 불안

구조가 불안을 증폭시키는 방식

중요한 점은 이 불안이 특정 중간관리자 개인의 문제로 환원될 수 없다는 것이다. 같은 자리에서 비슷한 불안을 느끼는 사람이 늘어나고 있다는 사실이 구조적 변화를 보여준다. 판단의 기준이 불명확해지고, 책임의 흐름이 위로 이동할수록, 중간관리자는 가장 많은 압력을 받는다. 실무자는 조심스러워지고, 상위는 더 큰 그림을 요구한다. 그 사이에서 중간관리자는 판단을 해야 하는 사람으로 남는다. 이 구조가 유지되는 한, 중간관리자의 불안은 줄어들기 어렵다.

불안을 줄이는 해법은 개인이 아니라 구조에 있다

이 지점에서 분명해지는 사실은, 중간관리자가 더 강해져야 한다는 이야기가 아니라는 점이다. 오히려 그 반대에 가깝다. 중간관리자의 불안은 개인의 결단력 부족이 아니라, 조직이 기준과 책임을 다시 정리하지 않았기 때문에 생긴다. 역할의 경계가 다시 설정되지 않는 한, 중간관리자는 계속해서 가장 불안한 자리에 서게 될 것이다. 이 변화는 사람의 마음가짐으로 해결되지 않는다. 구조를 어떻게 다시 설계할 것인가가 핵심이다.

이 흐름이 반복될수록 조직 안에서 판단과 책임이 머무는 위치는 점점 위로 이동한다. 실무자는 조심스러워지고, 중간관리자는 가장 불안한 자리에 서며, 결정은 점점 제한된 위치에서만 내려진다. 누구도 일을 피하지 않았지만, 누구도 쉽게 나서지 않는 구조가 만들어진다. 이 변화는 개인의 태도 문제가 아니라, 기준과 책임이 흐려진 구조가 만들어낸 결과다. 일이 무거워진 이유는 사람이 약해졌기 때문이 아니라, 판단이 머무를 자리를 잃었기 때문이다.

책임이 위로 올라갈수록
조직이 느려지는 이유

어느 순간부터 조직 안에서 "일이 늦어졌다"는 말이 자주 들리기 시작한다. 이상한 점은 일이 더 복잡해졌기 때문도 아니고, 사람들이 덜 일하기 때문도 아니라는 것이다. 오히려 모두가 이전보다 더 신중해졌고, 더 많은 확인을 거친다. 그런데 그럴수록 결정은 늦어지고, 다음 단계로 넘어가는 데 시간이 걸린다. AI가 들어온 뒤 조직이 느려졌다는 느낌은 기술의 문제가 아니라, 책임이 이동한 방향에서 비롯된다.

책임이 위로 올라가는 흐름은 자연스럽게 시작된다

앞에서 살펴본 것처럼, "이건 누가 해야 하는 일인가"라는 질문이 늘어나면서 판단은 점점 위로 올라간다. 실무자는 기준을 확인하고 싶어 하고, 중간관리자는 그 판단이 조직의 기준이 될 수 있다는 점에서 조심스러워진다. 이 과정은 누구의 잘못도 아니다. 각자는 자신의 자리에서 가장 합리적인 선택을 한다. 문제는 이 선택들이 하나의 흐름으로 이어질 때 나타난다. 판단이 한 단계씩 위로 올라갈수록, 조직의 결정 지점은 점점 줄어들고, 그 지점에 모든 부담이 쌓인다.

위로 올라간 책임은 한 번에 처리되지 않는다

책임이 상위로 이동하면 결정은 더 정확해질 것처럼 보인다. 경험이 많고, 전체를 보는 사람이 판단하니 실수가 줄어들 것 같기 때문이다. 하지만 실제로는 반대의 현상이 나타난다. 상위에 있는 사람일수록 더 많은 변수와 파급 효과를 고려해야 한다. 하나의 결정이 여러 부서와 연결되어 있고, 그 결과가 조직 전체에 영향을 미칠 수 있기 때문이다. 그래서 판단은 더 신중해지고, 검토는 길어진다. 실무에서 바로 결정되던 사안이 여러 단계를 거치며 시간을 소모한다. 책임이 집중될수록 결정은 느려진다.

조직의 속도는 개인의 능력이 아니라 구조로 결정된다

조직이 느려질 때 흔히 나오는 말은 "결단력이 부족하다"는 평가다. 하지만 현장을 보면 결단력이 부족한 사람보다는, 결단을 쉽게 내릴 수 없는 구조가 보인다. 책임이 위로 올라가면, 결정권자는 늘 최악의 경우를 함께 고려해야 한다. 문제가 생겼을 때 자신이 감당해야 할 범위가 크기 때문이다. 이 구조 속에서 빠른 결정을 기대하는 것은 개인에게 과도한 부담을 지우는 일이다. 결국 조직의 속도는 사람의 성향이 아니라, 책임이 어디에 쌓여 있는지에 따라 결정된다.

🤖 책임 이동 이후 조직의 의사결정 흐름 변화

구 분	이전의 결정 흐름	책임이 위로 올라간 이후
판단 시작점	실무자	실무자 → 상위 확인
중간 단계	최소화	다단계 검토
결정 주체	역할별 분산	상위 집중
검토 기준	경험·현장 맥락	리스크·파급 효과
소요 시간	짧음	길어짐
조직 체감	빠른 진행	신중한 지연

느려짐은 안전해 보이지만 비용을 만든다

조직이 느려지는 과정은 처음에는 안전해 보인다. 여러 번 확인하고, 다양한 의견을 듣고, 신중하게 판단하는 모습은 합리적으로 느껴진다. 하지만 이 느려짐이 반복되면 보이지 않는 비용이 쌓인다. 결정이 늦어지는 동안 기회는 사라지고, 실무자는 대기 상태에 놓인다. 무엇을 해도 될지 몰라 기다리는 시간이 늘어나고, 그 기다림은 다시 질문으로 이어진다. 조직은 실수를 줄였을지 모르지만, 동시에 움직임도 잃는다.

책임 집중은 다시 질문을 낳는다

흥미로운 점은 책임이 위로 올라갈수록 질문이 더 늘어난다는 것이다. 실무자는 더 이상 판단하지 않으려 하고, 중간관리자는 상위의 결정을 기다린다. 상위에서는 더 많은 정보를 요구한다. 이 과정에서 질문은 위아래로 오간다. 질문이 많아질수록 조직은 더 바빠 보이지만, 실제로는 같은 자리에서 맴도는 경우가 많다. 책임이 집중되면 해결 속도가 빨라질 것이라는 기대와 달리, 질문과 검토가 늘어나면서 전체 흐름은 느려진다.

구조가 바뀌지 않으면 속도는 회복되지 않는다

이 지점에서 중요한 것은 조직의 속도를 다시 높이자는 구호가 아니다. "빠르게 결정하자"는 말은 구조를 바꾸지 않는 한 효과가 없다. 책임이 어디에 있는지, 누가 어떤 수준까지 판단해도 도는지에 대한 기준이 다시 정리되지 않으면, 조직은 계속 느린 선택을 반복하게 된다. AI는 효율을 높였지만, 책임의 구조를 자동으로 정리해 주지는 않는다. 그 역할은 여전히 조직의 몫으로 남아 있다.

느려진 조직은 조심스러워진 조직의 결과다

결국 책임이 위로 올라가면서 조직이 느려진 이유는 단순하다. 모두가 조심스러워졌기 때문이다. 실무자는 판단을 피하고, 중간관리자는 조율에 머물며, 상위는 신중함을 선택한다. 이 조심스러움은 개인의 태도 변화가 아니라, 구조가 만든 합리적인 결과다. 그래서 이 느려짐을 사람의 문제로 설명하면 해답을 찾기 어렵다. 구조를 이해해야만, 다시 움직일 수 있는 조직의 조건이 보인다.

그렇다면 이런 구조 속에서, 끝까지 사람이 맡아야 할 일은 무엇인 가. AI가 아무리 많은 일을 대신하더라도, 조직이 느려지지 않기 위 해 사람이 붙잡아야 할 판단은 무엇인가. 이 질문은 자연스럽게 다 음 논의로 이어진다. 기술이 대신할 수 없는 판단의 영역이 어디에 남아 있는지, 그 지점을 분명히 바라볼 필요가 있기 때문이다.

AI 시대의 시선 _ 역할의 경계

AI가 조직 안으로 들어오면서 사람들은 일을 덜 하게 된 것이 아니라, 어디까지가 자신의 일인지 판단하기 어려워졌다고 느끼기 시작했다. 예전에는 역할이 명확하지 않아도 경험과 관행이 경계를 대신해 주었지만, 이제 그 경계는 눈에 보이지 않게 흐려졌다. 누군가는 아직 자신의 역할 안에 있다고 생각하지만, 다른 누군가는 이미 선을 넘었다고 느끼는 순간들이 반복된다. 이 미묘한 어긋남이 쌓이면서 조직 안에서는 역할보다 책임의 위치가 더 중요해졌다.

역할의 경계가 흐려졌다는 말은 일이 사라졌다는 뜻이 아니다. 오히려 일은 더 많아졌고, 해야 할 판단도 늘어났다. 다만 그 판단을 누가 내려야 하는지에 대한 합의가 약해졌다. 실무자는 판단을 확정하기보다 상황과 자료를 위로 전달하고, 관리자는 그 판단을 조율하며, 상위는 전체 책임을 고려한다. 이 흐름은 합리적으로 보이지만, 그 과정에서 각자의 역할은 점점 좁아지고 애매해진다. 역할이 줄어든 것이 아니라, 확신을 가지고 나설 수 있는 영역이 줄어든 것에 가깝다.

이때 사람들은 자연스럽게 책임이 적은 쪽으로 이동한다. 스스로 결정하기보다는 공유하고, 제안하기보다는 확인한다. 이 선택은 소극적이라기보다 구조에 적응한 결과다. 책임이 명확하지 않은 상태에서 나서는 것은 용기가 아니라 위험이 되기 때문이다. 그래서 역할의 경계가 흐려질수록, 조직은 조심스러워지고 판단은 위로 모인다. 책임이 집중되는 지점에서는 속도가 느려지고, 그 느려짐은 다시 역할을 더 조심스럽게 만든다.

중요한 것은 이 변화가 특정 직급이나 개인의 문제로 설명되지 않는다는 점이다. 실무자만 조심스러워진 것도 아니고, 중간관리자만 불안해진 것도 아니다. 역할과 책임을 나누던 방식 자체가 바뀌면서, 조직 전체가 새로운 균형을 찾고 있는 상태다. 과거의 역할 정의는 더 이상 충분하지 않고, 그렇다고 새로운 기준이 완전히 자리 잡은 것도 아니다. 그 사이에서 사람들은 각자 가장 안전한 위치를 찾으며 움직이고 있다.

AI 시대의 역할은 더 이상 "무엇을 하느냐"만으로 설명되지 않는다. "어디까지 판단할 수 있느냐", "어디까지 책임질 수 있느냐"가 함께 따라온다. 이 두 가지가 맞물리지 않으면 역할은 쉽게 흔들린다. 그래서 역할의 경계를 다시 생각한다는 것은 일을 나누는 문제가 아니라, 판단과 책임을 어디까지 허용할 것인가를 다시 정하는 문제다. 이 질문에 대한 답 없이 역할만 강조하면, 조직은 계속해서 조심스러운 상태에 머무를 수밖에 없다.

역할이 흐려진 조직에서는 사람이 약해지는 것이 아니라, 기준이 사라진다. 그리고 기준이 사라진 자리를 책임이 대신 채우면서, 그 책임은 가장 높은 곳으로 이동한다. 이 흐름을 이해하면 더 이상 "왜 사람들이 나서지 않는가"를 묻지 않게 된다. 대신 "어떤 경계가 다시 필요해졌는가"를 생각하게 된다.

AI 시대의 역할은 고정된 칸이 아니라, 계속 조정되는 선에 가깝다. 그 선을 어디에 그을 것인가는 기술이 아니라 조직이 선택해야 할 문제다. 그리고 그 선택이 분명해질수록, 사람들은 다시 자신의 자리에서 움직일 수 있게 된다. 역할의 경계를 다시 그리는 일은 결국 사람을 통제하기 위한 것이 아니라, 사람이 다시 판단할 수 있도록 만드는 조건을 마련하는 일이다.

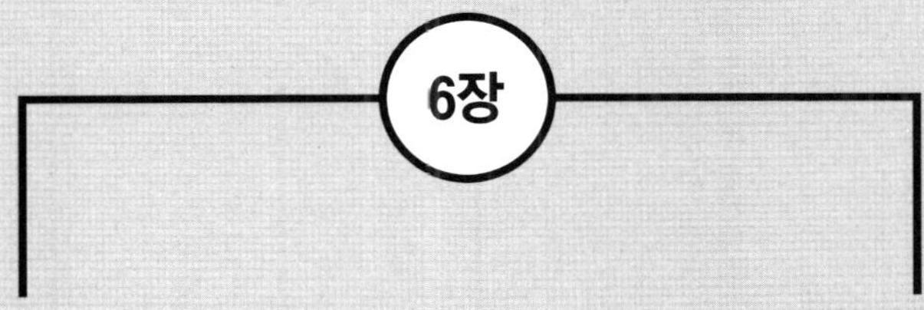

6장

AI 시대에 사람이 끝까지 맡아야 할 일

01

AI에게 맡겨도
되는 일의 조건

AI가 많은 일을 대신해 주기 시작했을 때, 사람들은 자연스럽게 묻는다. 이제 사람은 무엇을 해야 하는가. 이 질문은 기술의 한계를 묻는 것처럼 보이지만, 현장에서 반복적으로 관찰되는 장면을 따라가다 보면 전혀 다른 방향으로 향한다. AI가 일을 대신해 줄수록, 오히려 사람의 판단이 더 자주 호출되는 순간들이 나타난다. 그 순간들은 대개 효율로 설명되지 않고, 규칙으로도 깔끔하게 정리되지 않는다. 어떤 일들은 끝까지 사람이 붙잡게 되고, 그 이유는 기술의 부족이 아니라 판단이 빠질 수 없기 때문이다.

반복과 기준이 명확한 일은 맡길 수 있다

현장에서 가장 먼저 AI에게 넘어간 일들은 공통점이 있다. 결과보다 과정이 중요하지 않고, 예외보다 규칙이 많은 일들이다. 같은 형식의 보고서를 정리하거나, 이미 합의된 기준에 따라 자료를 분류하는 작업은 사람이 개입하지 않아도 큰 문제가 생기지 않는다. 이런 일들은 잘되었을 때 특별히 칭찬받지 않고, 잘못되었을 때만 문제가 된다. 그래서 조직은 자연스럽게 이런 영역을 AI에게 맡긴다. 이 선택은 효율의 문제가 아니라, 판단이 거의 개입되지 않는 일을 구분해 낸 결과다.

판단이 개입되는 순간, 책임은 다시 사람에게 돌아온다

하지만 일이 조금만 복잡해지면 상황은 달라진다. 선택지 사이의 미묘한 차이를 해석해야 하거나, 결과보다 과정의 맥락이 중요한 순간에는 AI의 역할이 급격히 줄어든다. 예를 들어, 같은 수치라도 어느 시점에 어떻게 전달할지, 누구에게 먼저 공유할지는 계산으로 정해지지 않는다. 이때 조직은 다시 사람을 찾는다. AI가 제시한 결과가 있어도, 그 결과를 어떻게 받아들일지 결정하는 책임은 사람에게 남는다. 이 장면에서 우리는 중요한 사실을 확인하게 된다. AI는 선택지를 만들 수 있지간, 선택의 무게를 대신 져 주지는 않는다.

효율이 항상 최선이 아닌 순간들이 존재한다

앞에서 살펴본 것처럼, 조직은 효율을 높이기 위해 AI를 도입했다. 그러나 현장에서는 효율보다 중요한 선택들이 반복적으로 등장한다. 당장은 느리더라도 관계를 고려해야 하는 결정, 수치상으로는 불리해 보여도 조직의 신뢰를 지켜야 하는 판단이 그렇다. 이런 순간에는 AI의 계산이 참고 자료로 남고, 최종 결정은 사람의 몫이 된다. 왜냐하면 그 선택의 결과가 숫자가 아니라 사람의 반응과 조직의 분위기로 돌아오기 때문이다. 효율은 계산할 수 있지만, 그 이후의 파장은 여전히 사람이 감당해야 한다.

조직은 결국 설명할 수 있는 판단을 요구한다

AI가 만든 결과는 빠르고 정교하지만, 문제가 생겼을 때 스스로 설명하지 않는다. 조직이 사람에게 다시 기대는 지점은 바로 여기다. 결정의 이유를 설명해야 하는 순간, 책임은 다시 사람에게 돌아온다. 왜 이 선택을 했는지, 어떤 점을 고려했는지, 다른 가능성은 왜 배제했는지를 말할 수 있어야 한다. 이 설명은 정답을 말하는 것이 아니라, 판단의 과정을 공유하는 일이다. 그래서 조직은 중요한 순간마다 사람의 판단을 호출한다. AI의 결과가 아니라, 그 결과를 받아들인 이유를 듣고 싶어 하기 때문이다.

맡길 수 있는 일과 맡겨서는 안 되는 일의 경계

이 지점에서 경계는 분명해진다. 결과만 중요하고, 설명이 필요 없는 일은 맡길 수 있다. 하지만 결과의 의미를 해석해야 하거나, 그 선택이 조직 안팎에 어떤 신호를 보내는지 고려해야 하는 일은 맡길 수 없다. 이 경계는 직무 설명서에 적히지 않고, 시스템에도 명확히 표시되지 않는다. 대신 현장에서 반복적으로 호출된다. 문제가 생겼을 때, 누군가 다시 판단을 요구받는 순간, 그 일이 바로 사람이 끝까지 맡아야 할 일이라는 사실이 드러난다.

사람이 맡아야 할 일은 줄어들지 않는다

AI가 일을 대신해 줄수록 사람의 역할이 줄어들 것처럼 보이지만, 실제로는 형태만 바뀐다. 반복적인 작업은 줄어들고, 판단의 밀도는 높아진다. 사람은 더 적은 일을 하지만, 더 무거운 선택을 맡게 된다. 이 변화는 부담처럼 느껴질 수 있지만, 동시에 사람의 역할을 다시 분명하게 만든다. 사람이 맡아야 할 일은 사라지지 않았다. 다만 끝까지 책임져야 할 일만 남았을 뿐이다.

AI에게 맡길 수 있는 일의 조건은 성능이나 정확도에 있지 않다. 판단이 필요한가, 그렇지 않은가에 있다. 판단이 개입되는 순간, 조직은 기술이 아니라 사람을 찾는다. 계산이 아니라 선택을, 속도가 아니라 의미를, 결과가 아니라 책임을 감당해야 하는 자리에서다. 이런 장면들이 쌓이면서, AI 시대에 사람이 맡아야 할 일의 윤곽도 점점 또렷해진다. 무엇을 맡길 수 있는지보다, 무엇을 끝까지 남겨야 하는지가 분명해질수록, 기술은 위협이 아니라 기준이 된다.

02

사람이 반드시
책임져야 할 판단의 영역

AI가 많은 선택지를 만들어 주기 시작했을 때, 조직은 한동안 안도했다. 더 빠르고, 더 정확해 보이는 결과가 눈앞에 놓였기 때문이다. 하지만 시간이 지나면서 다른 장면이 반복적으로 나타났다. 중요한 순간마다 사람들이 다시 모여 서서 같은 질문을 던졌다. "이건 우리가 책임져도 되는 판단인가." 이 질문이 등장하는 지점에는 공통된 특징이 있다. 계산으로는 충분하지만, 그 결과를 누군가는 끝까지 떠안아야 하는 순간이다. 이때 조직은 기술이 아니라 책임질 수 있는 사람을 찾는다.

결과보다 파장이 중요한 판단은 사람이 맡는다

현장에서 반복적으로 관찰되는 첫 번째 영역은, 결과 자체보다 그 이후의 파장이 중요한 판단이다. 수치상으로는 문제가 없어 보이는 선택이라도, 그 결정이 조직 안팎에 어떤 신호를 주는지는 별개의 문제다. 예를 들어 일정 조정이나 인력 배치처럼 숫자로는 합리적인 결정이 관계를 흔들 수 있는 순간, 조직은 AI의 추천을 그대로 따르지 않는다. 그 선택이 누구에게 어떤 의미로 받아들여질지를 고려해야 하기 때문이다. 이때 판단은 계산이 아니라 해석의 영역으로 이동하고, 그 해석의 책임은 사람이 진다.

설명이 요구되는 순간에는 사람이 호출된다

AI는 결과를 제시하지만, 그 결과를 스스로 설명하지 않는다. 조직에서 문제가 생겼을 때 가장 먼저 나오는 질문은 "왜 이렇게 했는가"다. 이 질문에 답해야 하는 순간, AI는 한 발 물러나고 사람이 앞으로 나온다. 왜 이 시점이었는지, 왜 다른 선택은 하지 않았는지, 그 판단이 어떤 기준에서 나왔는지를 설명해야 한다. 이 설명은 정답을 말하는 일이 아니라, 판단의 과정을 공유하는 일이다. 책임이 위로 올라갈수록 이 설명의 중요성은 더 커진다. 설명할 수 없는 판단은 조직 안에서 오래 버티지 못한다.

규칙이 충돌하는 지점은 사람이 결정한다

AI는 명확한 규칙 안에서는 강력하지만, 규칙이 충돌하는 순간에는 멈춘다. 비용 절감과 신뢰 유지가 동시에 요구되거나, 단기 성과와 장기 관계가 맞부딪히는 장면에서는 어느 쪽을 우선할지 결정해야 한다. 이때 어느 선택이 옳은지는 사전에 정의되어 있지 않다. 조직의 가치와 맥락에 따라 달라진다. 이런 판단은 데이터가 부족해서가 아니라, 기준이 하나로 정리되지 않아서 사람의 몫으로 남는다. 결국 사람은 규칙을 적용하는 존재가 아니라, 규칙 사이에서 선택하는 존재로 다시 호출된다.

책임이 분산되지 않는 판단은 사람이 붙잡는다

조직은 책임이 분산될수록 조심스러워진다. 하지만 동시에 어떤 판단은 분산할 수 없다. 한 사람이 이름을 걸고 결정해야 하는 순간이 있다. 외부에 메시지를 내야 하거나, 조직의 방향을 명확히 해야 하는 장면이 그렇다. 이 판단은 합의로도, 시스템으로도 완전히 대체되지 않는다. 누군가 책임을 떠안아야 하고, 그 책임을 감당할 준비가 된 사람만이 결정을 내릴 수 있다. AI는 그 결정을 도울 수는 있지만, 대신 책임져 주지는 않는다.

효율이 아니라 신뢰를 선택하는 순간

AI 도입 이후에도 조직이 끝까지 사람에게 기대는 이유는 효율이 아니라 신뢰 때문이다. 효율은 반복될수록 강해지지만, 신뢰는 순간순간 쌓인다. 약속을 지키는 선택, 손해를 감수하는 결정, 설명이 번거로운 길을 택하는 판단은 모두 효율과는 거리가 멀다. 그러나 이런 선택들이 모여 조직의 신뢰를 만든다. 이 영역에서 AI는 참고 자료일 뿐, 주체가 되지 않는다. 사람은 바로 이 지점에서 다시 중심에 선다.

사람이 맡아야 할 판단의 공통된 특징

지금까지의 장면을 종합해 보면, 사람이 끝까지 맡아야 할 판단에는 공통된 특징이 있다. 결과보다 의미가 중요하고, 설명이 필요하며, 책임이 분산되지 않는다. 그리고 그 판단은 조직의 가치와 직결된다. 이 판단들은 눈에 잘 띄지 않지만, 문제가 생겼을 때 가장 먼저 호출된다. 역할의 경계가 흐려지고 책임의 위치가 이동하면서, 조직이 느려지는 현상 역시 이 판단을 어디까지 사람에게 남길 것인가와 깊게 연결되어 있다.

사람이 반드시 책임져야 할 판단은 애매한 영역에 머물러 있지 않는다. 오히려 가장 중요한 중심부에 놓여 있다. 선택의 결과가 조직의 방향을 바꾸거나, 신뢰에 영향을 미치거나, 되돌릴 수 없는 여파를 남길 때 판단은 자동화되지 않는다. 이런 판단은 줄어들지 않았고, AI가 조직 안으로 깊숙이 들어올수록 더 또렷해졌다. 결국 조직이 사람에게 기대게 되는 이유는 단순하다. 속도는 기술이 보완할 수 있지만, 책임의 무게는 대신 짊어질 수 없기 때문이다. 이 사실을 받아들이는 순간, 조직은 다시 선택의 기준을 세울 수 있게 된다.

（03）

효율보다 중요한
순간은 언제 오는가

AI가 조직에 들어온 뒤, 효율은 자연스럽게 기준이 되었다. 더 빠른 처리, 더 적은 오류, 더 낮은 비용은 설득력이 있었다. 하지만 시간이 지나면서 현장에서는 다른 질문이 조용히 반복되기 시작했다. "이 선택이 정말 최선인가." 이 질문은 효율이 부족해서가 아니라, 효율만으로는 설명되지 않는 순간에 등장한다. 숫자로는 맞지만, 그대로 밀어붙이기에는 꺼림칙한 지점에서다. 이런 장면이 쌓이면서, 조직은 언제 효율을 따르고 언제 멈춰야 하는지를 다시 고민하게 된다.

관계가 결과보다 오래 남는 순간에는 효율이 물러난다

조직에서 반복적으로 관찰되는 첫 번째 장면은, 결과보다 관계가 더 오래 영향을 미치는 순간이다. 일정과 수치만 놓고 보면 가장 효율적인 선택이 분명한데도, 조직은 그 길을 택하지 않는 경우가 있다. 특정 시점의 압박을 완화하기 위해 누군가에게 부담을 전가하는 선택, 단기 성과를 위해 신뢰를 소모하는 결정은 계산상으로는 합리적일 수 있다. 그러나 그 선택이 남기는 여운은 오래 간다. 이때 조직은 효율보다 관계를 택한다. 그리고 그 선택의 책임은 시스템이 아니라 사람이 진다.

숫자로는 옳지만, 설명하기 어려운 선택의 순간

효율이 중요한 기준이라는 사실은 변하지 않는다. 하지만 효율이 가장 강력할수록, 설명이 더 중요해진다. 수치로는 완벽한 선택인데도, 누군가에게 상처가 되거나 조직의 방향과 어긋난다고 느껴질 때가 있다. 이런 순간에는 "계산상으로는 맞다"는 말만으로 충분하지 않다. 왜 이 선택이 필요했는지, 다른 길은 왜 가지 않았는지를 설명해야 한다. 이 설명이 요구되는 순간, 효율은 참고 자료로 내려가고 사람의 판단이 앞으로 나온다.

회복이 필요한 상황에서는 속도가 기준이 되지 않는다

책임이 위로 올라갈수록 조직은 느려진다. 이 느려짐이 항상 나쁜 것은 아니다. 문제가 발생한 이후, 관계를 회복하거나 신뢰를 다시 쌓아야 하는 상황에서는 빠른 결정이 오히려 독이 된다. 충분히 듣고, 기다리고, 상황을 해석하는 시간이 필요하다. 이때 효율은 시간을 줄이려 하지만, 조직은 시간을 쓰는 쪽을 선택한다. 효율보다 중요한 순간은 바로 이런 회복의 국면에서 나타난다. 그리고 이 국면을 관리하는 역할은 끝까지 사람에게 남는다.

규칙이 통하지 않는 예외의 순간

AI는 규칙이 잘 정의된 환경에서 강력하다. 그러나 현장에는 규칙이 적용되지 않는 예외의 순간이 반드시 존재한다. 이미 한 번 실수가 있었던 상황, 감정이 개입된 갈등, 외부의 시선이 집중된 사안에서는 매뉴얼이 그대로 작동하지 않는다. 이때 조직은 효율적인 프로세스보다 상황을 이해하는 판단을 요구한다. 무엇을 지키고, 무엇을 양보할지 선택해야 하기 때문이다. 이런 선택은 속도나 비용으로 환산되지 않는다. 그래서 이 순간에도 사람의 판단이 호출된다.

효율이 조직의 가치를 시험하는 순간

조직이 진짜로 중요하게 여기는 것이 무엇인지는, 효율이 손해를 보게 될 때 드러난다. 모두가 아는 최적의 길을 두고도 다른 선택을 하는 순간, 그 조직의 가치가 표면 위로 올라온다. 이 선택은 데이터로는 설명되지 않지만, 이후 조직의 분위기와 행동을 바꾼다. 앞선 장들에서 다뤄온 역할의 경계와 책임의 이동은 모두 이 지점과 연결된다. 효율을 기준으로 판단할 수 없는 순간이 늘어날수록, 조직은 다시 사람에게 기대게 된다.

사람이 선택하는 이유는 책임이 남기 때문이다

효율보다 중요한 순간에 사람이 나서는 이유는 단순하다. 그 선택의 결과를 끝까지 감당해야 하기 때문이다. AI는 최적의 경로를 제시할 수 있지만, 그 경로를 택했을 때 생기는 파장까지 책임지지는 않는다. 조직은 결국 그 책임을 질 수 있는 주체를 필요로 한다. 그래서 효율이 무너지지 않더라도, 효율을 잠시 내려놓는 선택이 반복된다. 이 선택은 비합리적이어서가 아니라, 책임이 남아 있기 때문에 이루어진다.

효율은 여전히 중요한 기준이다. 다만 항상 마지막 기준은 아니다. 효율보다 중요한 순간은 대개 선택의 결과가 되돌릴 수 없는 영향을 남길 때 찾아온다. 사람에게 남는 부담이 커질수록, 조직은 다시 판단의 중심을 사람에게로 옮긴다. AI가 많은 일을 대신해 주었지만, 선택의 의미와 책임까지 대신해 주지는 않는다. 그래서 효율이 내려와야 하는 자리에는 늘 사람이 남는다. 그 자리에 사람이 서 있을 때, 조직은 속도뿐 아니라 방향도 함께 유지할 수 있게 된다.

기술이 대신할 수 없는
일의 성격

AI가 많은 일을 대신해 주면서, 사람들은 자연스럽게 기술의 범위를 가늠하게 된다. 어디까지는 맡길 수 있고, 어디서부터는 사람이 해야 하는가. 이 질문은 기술의 성능을 묻는 것처럼 보이지만, 현장에서 반복적으로 드러나는 답은 의외로 단순하다. 기술이 대신할 수 없는 일들은 특별히 복잡해서가 아니라, 끝까지 책임이 따라붙는 성격을 지니고 있다. 어떤 선택은 결과보다 그 이후의 무게가 더 중요해지고, 그 무게를 감당할 주체가 필요해진다.

결과보다 의미가 중요한 일은 기술로 완결되지 않는다

현장에서 기술이 멈추는 첫 번째 지점은 결과보다 의미가 중요한 일이다. 같은 결과라도 어떤 맥락에서, 어떤 의도로 선택되었는지는 결과표만으로 전달되지 않는다. AI는 결과를 최적화할 수 있지만, 그 결과가 조직 안에서 어떤 의미로 해석될지는 알지 못한다. 특히 조직의 방향, 문화, 메시지와 맞닿아 있는 선택일수록 의미의 해석이 중요해진다. 이 해석은 규칙으로 환원되지 않고, 늘 사람의 판단을 필요로 한다. 그래서 의미가 개입되는 순간, 기술은 참고가 되고 판단은 사람에게 돌아온다.

관계를 다루는 일은 계산으로 닫히지 않는다

기술이 대신할 수 없는 또 다른 성격은 관계를 다루는 일이다. 갈등을 조정하거나 신뢰를 회복하고, 누군가의 입장을 고려해 선택을 조정하는 일은 계산의 문제가 아니다. 효율보다 중요한 순간들은 대부분 관계와 연결되어 있었다. 숫자로는 가장 빠른 길이 보이지만, 그 길이 남기는 상처가 더 크다면 조직은 다른 선택을 한다. 이때 기술은 상황을 정리할 수는 있지만, 관계를 책임지지는 않는다. 관계를 책임지는 일은 언제나 사람의 몫으로 남는다.

예외를 받아들이는 일은 규칙의 바깥에 있다

기술은 규칙이 분명할수록 강해진다. 그러나 조직의 현실은 언제나 예외를 포함한다. 이미 한 번 실수가 있었던 상황, 감정이 얽힌 사안, 외부 환경이 급변한 국면에서는 기존의 규칙이 그대로 적용되지 않는다. 이때 조직은 규칙을 따를지, 예외를 허용할지를 결정해야 한다. 이 선택은 기술이 아니라 조직의 가치와 판단에 달려 있다. 예외를 받아들이는 순간, 책임은 자동화될 수 없고, 누군가의 이름으로 남는다. 그래서 예외를 다루는 일은 기술이 대신할 수 없는 성격을 갖는다.

설명과 납득이 필요한 일은 사람을 호출한다

조직에서 반복적으로 등장하는 장면은 설명의 요구다. "왜 이 선택을 했는가"라는 질문은 결과가 나쁜 경우에만 나오지 않는다. 결과가 좋더라도, 그 과정이 이해되지 않으면 조직은 불안해진다. 기술은 결과를 내놓을 수 있지만, 그 결과를 납득시키지는 않는다. 납득은 설명을 통해 이루어지고, 설명은 판단의 주체를 전제로 한다. 그래서 설명이 필요한 순간마다 기술은 뒤로 물러나고 사람이 앞으로 나온다. 설명할 수 없는 선택은 조직 안에서 오래 유지되지 못한다.

책임이 분리되지 않는 일은 끝까지 사람이 맡는다

기술이 대신할 수 없는 일들의 공통점은 하나다. 책임이 분리되지 않는다는 점이다. 잘되었을 때는 모두의 성과가 될 수 있지만, 문제가 생겼을 때는 누군가 책임을 져야 하는 일들이다. 외부와의 약속, 조직의 방향을 정하는 결정, 신뢰를 걸어야 하는 선택은 책임을 나눌 수 없다. 이 책임을 감당할 수 있는 주체만이 그 일을 맡을 수 있다. 기술은 그 책임을 대신 져 주지 않는다. 그래서 책임이 분리되지 않는 일은 자연스럽게 사람의 영역으로 남는다.

기술이 강해질수록 사람의 역할은 더 또렷해진다

아이러니하게도 기술이 정교해질수록, 사람이 해야 할 일의 성격은 더 분명해진다. 반복과 계산, 정리는 기술로 넘어가고, 의미와 관계, 책임은 사람에게 남는다. 역할의 경계가 흔들리고 책임의 위치가 이동하며 조직의 속도가 달라지는 현상은, 이 구분이 점점 또렷해지고 있다는 신호다. 기술이 대신할 수 없는 일은 줄어들지 않았다. 다만 그 일들이 무엇인지 더 분명해졌을 뿐이다.

사람이 끝까지 맡게 되는 일은 조직의 가장자리에 남아 있지 않다. 오히려 중심에 가까운 자리에서 모습을 드러낸다. 기술은 판단을 보조할 수 있지만, 그 판단이 남기는 결과까지 대신 떠안아 주지는 않는다. 그래서 책임이 분리되지 않는 순간마다 사람은 다시 판단의 주체로 호출된다. 이 흐름이 반복될수록, 기술은 두려움의 대상이 아니라 기준이 된다. 어디까지 닿길 수 있는지가 아니라, 어디에 사람이 서야 하는지가 또렷해지기 때문이다.

AI 시대에 다시
정의되는 '잘 일한다'는 말

AI가 조직 안에 자연스럽게 스며든 뒤, 사람들은 이전보다 일을 더 잘하게 되었는지 스스로에게 묻게 된다. 속도는 빨라졌고, 실수는 줄었으며, 결과는 한층 깔끔해졌다. 그런데도 어딘가 마음이 개운하지 않다. "잘 일한다"는 말이 예전처럼 쉽게 고개를 끄덕이게 만들지 않기 때문이다. 성과는 좋아졌지만, 그 성과를 어떤 기준으로 받아들여야 하는지는 여전히 남아 있다.

빨리 처리하는 사람이 아니라, 판단을 맡을 수 있는 사람

AI 이전에 "잘 일한다"는 말은 대개 속도와 정확성을 가리켰다. 같은 일을 더 빨리, 더 적은 오류로 처리하는 사람이 좋은 평가를 받았다. 하지만 반복과 정리는 AI가 더 잘하게 되면서, 이 기준은 자연스럽게 힘을 잃었다. 현장에서 다시 떠오른 기준은 따로 있다. 판단이 필요한 순간에 누구를 부르는가 하는 기준이다. 문제가 생겼을 때,

선택이 엇갈릴 때, 설명이 필요할 때 조직이 찾는 사람은 일을 많이 처리한 사람이 아니라 결정을 맡길 수 있는 사람이다. 이 변화는 조용하지만 분명하게 일어나고 있다.

결과보다 이유를 말할 수 있는 사람이 된다

앞선 장들에서 반복적으로 확인했듯이, AI는 결과를 잘 만들어 낸다. 그러나 조직이 궁금해하는 것은 결과 그 자체보다 "왜 그렇게 했는가"다. 선택의 이유를 설경할 수 있는 사람은 단순히 일을 수행한 사람이 아니라, 판단의 책임을 감당한 사람이다. 그래서 AI 시대의 "잘 일한다"는 말에는 새로운 조건이 붙는다. 결과를 냈는가가 아니라, 그 결과를 이해 가능한 언어로 설명할 수 있는가다. 이 설명은 변명이 아니라, 판단의 맥락을 공유하는 능력이다.

효율을 넘어서는 기준을 아는 사람

효율은 언제나 최종 기준이 되지는 않는다. 효율보다 중요한 순간들이 존재하고, 그 순간에 조직은 사람을 부른다. 잘 일하는 사람은 효율을 무시하는 사람이 아니라, 효율을 내려놓아야 할 지점을 아는 사람이다. 언제 속도를 내야 하고, 언제 멈춰야 하는지를 구분할 수 있는 판단력이 필요해졌다. 이 판단력은 데이터로 바로 익히기 어렵고, 경험과 책임을 통해 쌓인다.

기준을 지키는 사람이 아니라, 기준을 세울 수 있는 사람

AI 도입 이후 조직에는 기준이 많아졌다. 프로세스, 가이드, 추천 결과가 끊임없이 제공된다. 하지만 아이러니하게도, 기준이 많아질수록 기준을 세우는 사람은 더 필요해진다. 서로 다른 기준이 충돌할 때, 어느 기준을 우선할지 결정해야 하기 때문이다. 이 순간에 나서는 사람이 바로 "잘 일하는 사람"으로 다시 정의된다. 기준을 따르는 능력보다, 기준 사이에서 선택할 수 있는 능력이 중요해졌다.

책임을 회피하지 않는 태도가 다시 중요해진다

역할의 흐려짐과 책임의 이동은 동시에 책임을 피하려는 행동을 낳았다. 하지만 그 흐름 속에서도 분명히 드러난 점이 있다. 조직은 끝내 책임을 회피하지 않는 사람에게 기대게 된다는 사실이다. 잘 일하는 사람은 모든 일을 떠안는 사람이 아니라, 자신이 감당할 수 있는 책임의 범위를 알고 그 자리에 서는 사람이다. AI는 일을 나눠 줄 수는 있지만, 책임을 나눠 주지는 않는다. 그래서 책임을 받아들이는 태도는 다시 중요한 기준이 된다.

함께 일할 수 있는 사람으로서의 신뢰

AI 시대에 잘 일한다는 말에는 혼자 잘하는 능력보다, 함께 일할 수 있는 신뢰가 더 크게 포함된다. 판단이 필요한 순간은 대부분 혼자 해결되지 않는다. 다양한 관점이 필요하고, 의견 충돌이 생긴다. 이때 조직은 기술보다 사람을 연결하는 역할을 기대한다. 갈등을 조정하고, 판단의 부담을 나누고, 결정 이후의 여운을 함께 감당할 수 있는 사람이 필요해진다. 이 신뢰는 성과표에는 잘 드러나지 않지만, 위기의 순간마다 분명히 드러난다.

AI 시대의 "잘 일한다"는 말이 도달한 자리

"잘 일한다"는 말은 의외로 단순하다. 더 많이 처리하는 사람이 아니라, 더 중요한 판단을 맡을 수 있는 사람이다. 더 빠르게 움직이는 사람이 아니라, 멈춰야 할 때 멈출 수 있는 사람이다. 기술이 강해질수록, 이 기준은 더 또렷해진다. 앞선 모든 장면과 변화는 이 결론으로 이어져 왔다.

현장에서 다시 힘을 얻은 기준은 분명하다. 잘 일한다는 말은 이제 기술을 얼마나 능숙하게 다루는가를 뜻하지 않는다. 판단이 필요한 순간에 물러서지 않고, 선택의 결과를 끝까지 감당할 수 있는가를 묻는다. 빠르게 처리하는 능력보다, 멈춰야 할 지점을 아는 감각이 더 중요해졌다. 계산과 정리는 기술이 맡고, 의미와 책임은 사람에게 남는다. 잘 일한다는 말이 가리키는 자리도 결국 여기다. 기술과 나란히 서서 무엇을 할 수 있는가가 아니라, 판단의 무게가 실리는 순간 어디에 설 수 있는가의 문제다. 그리고 그 자리는 여전히, 조직 안에서 사람이 서게 되는 자리다.

AI 시대의 시선 _ 사람의 판단

사람의 판단은 AI가 조직 안으로 들어온 뒤 가장 조용하게, 그러나 가장 자주 호출되는 지점이 되었다. 누가 무엇을 해야 하는지가 흐려질수록, 판단이 필요한 순간은 늘어난다. 규칙과 추천은 많아졌지만, 그중 무엇을 선택할지는 여전히 남아 있다. 이 장면에서 조직은 기술을 확인한 뒤, 결국 사람을 바라본다.

사람의 판단이 필요해지는 순간은 대개 경계에 서 있을 때다. 일이 잘게 나뉘고 자동화될수록, 각 단계는 명확해진 것처럼 보이지만 전체의 책임은 더 불분명해진다. 이때 판단은 업무 능력이 아니라 책임의 수용 여부로 측정된다. "지금 이 선택을 우리가 감당할 수 있는가"라는 질문은 계산보다 먼저 나온다.

판단의 무게는 자연스럽게 위로 이동한다. 실무자는 조심스러워지고, 중간 관리자는 불안해진다. 이는 개인의 역량 문제가 아니라 구조의 신호다. 판단이 분산되지 못하고 한 지점에 모일수록, 조직은 느려지지만 동시에 안전해지려 한다. 사람의 판단은 속도를 늦추는 장치이면서, 위험을 가늠하는 장치가 된다.

흥미로운 점은, 판단이 필요한 순간일수록 말이 줄어든다는 사실이다. 확신이 없는 상태에서의 발언은 곧 책임으로 이어지기 때문이다. 그래서 조직은 판단의 언어를 최소화하고, 대신 판단의 주체를 명확히 하려 한다. 누가 결정했는지가 중요해지는 순간, 판단은 기술의 문제가 아니라 사람의 자리로 돌아온다.

AI 시대의 사람의 판단은 더 많이 아는 능력이 아니다. 더 많은 선택지 앞에서 멈출 수 있는 능력이다. 추천을 참고하되 거기에 숨지 않고, 기준을 활용하되 그 뒤에 서지 않는 태도다. 역할이 흐려질수록 판단은 더 또렷해지고, 책임이 위로 올라갈수록 판단의 자리는 더 분명해진다. 결국 조직이 끝까지 붙잡는 것은 기술의 정확함이 아니라, 사람의 판단이 남기는 흔적이다.

AI가 들어온 회사에서 벌어진 작은 변화들

AI 시대, 어떻게 일해야 할까

초판 1쇄 발행 2026년 3월 20일

지은이 백미르
펴낸이 백광석
펴낸곳 다온길

출판등록 2018년 10월 23일 제2018-000064호
전자우편 baik73@gmail.com

ISBN 979-11-6508-664-0 (13320)